AF367440

Números reales y números complejos

Roberto Benavent de la Cámara

Índice general

Introducción

El presente texto está dedicado en su mayor parte a exponer un repaso de los aspectos más relevantes sobre los números reales y los números complejos. Lo hemos estructurado en cuatro capítulos: El número real, Método de inducción, El número complejo y Ecuaciones algebraicas.

En el capítulo dedicado a los números reales hacemos una exposición de los aspectos elementales sobre teoría de conjuntos, después se desarrollan las principales propiedades que verifican los números reales como conjunto y por último se presentan una colección de ejercicios resueltos.

En el segundo capítulo presentamos el método de inducción y una colección de ejercicios resueltos en los que exponemos su utilidad para resolver algunos enunciados en los que intervienen los números naturales.

En el capítulo dedicado a los números complejos, estudiamos la *forma binómica* como la *forma polar*, asímismo también exponemos la *fórmula de Moivre* y las *fórmula de Euler*. Al final aportamos una colección de ejercicios resueltos.

Por último, dedicamos un capítulo a las ecuaciones algebraicas, en el mismo, presentamos el teorema fundamental del álgebra y un resultado sobre la acotación de las raíces de un polinomio, en el capítulo aparece con frecuencia la utilidad de los números complejos estudiados en el tercer capítulo. Al igual que en el resto de capítulos, presentamos una colección de ejercicios resueltos.

1

El número real

En el presente capítulo hacemos una introducción a los aspectos más relevantes de los números reales y sus propiedades, para ello hacemos en primer lugar una breve introducción que abarca las nociones elementales sobre conjuntos.

1.1. Primeras definiciones

En matemáticas, así como en la mayoría de disciplinas científicas, no es corriente que el interés esté centrado en un objeto aislado, sino que lo habitual es que el objetivo esté centrado en una colección más o menos numerosa de objetos que posean una o varias propiedades en común; por ello, surje en matemáticas el concepto de conjunto y a partir de ello toda la teoría referida a los mismos.

En un principio puede parecer una materia muy abstracta; sin embargo, su objetivo es proporcionar facilidades para muchos de los diversos problemas que suelen aparecer en matemáticas.

En lo que sigue, presentamos la notación básica sobre conjuntos y los principales relaciones y propiedades sobre los mismos.

Una colección de objetos que pueden ser de naturaleza muy diversa la denominamos conjunto; a cada uno de los objetos que forman el conjunto lo denominamos elemento del conjunto.

Los conjuntos los denotamos mediante las letras A, B, C,... y los elementos que forman parte de los mismos los denotamos mediante las letras a, b, c,...

Para indicar que el elemento a pertenece al conjunto A utilizamos la siguiente notación $a \in A$; para indicar que un elemento x no pertenece al conjunto A utilizamos la notación $x \notin A$.

Para describir un conjunto podemos realizarlo por extensión, enumerando todos sus elementos, o también por comprensión, indicando una propiedad que caracteriza a cada uno de sus elementos.

Ejemplo 1.1 Se considera el conjunto A formado por los números naturales impares que son menores o iguales que 10. Entonces se tiene que el conjunto A por extensión es

$$A = \{1, 3, 5, 7, 9\}$$

Por otra parte, el conjunto A por comprensión es

$$A = \{n \in \mathbb{N} : n \leq 10 \text{ y } n \text{ es impar}\} \qquad \square$$

El número de elementos de un conjunto A recibe el nombre de cardinal del conjunto y lo denotamos por $|A|$.

El conjunto que no contiene ningún elemento se denomina conjunto vacío y se denota por $\emptyset$; una de las formas de representarlo es la que exponemos a continuación:

$$\emptyset = \{x : x \neq x\}$$

Sean A y B dos conjuntos de forma que para todo x perteneciente a A se verifica que x también pertenece a B. Entonces decimos que A es un subconjunto de B y lo denotamos por $A \subset B$; también decimos que A está incluido en B.

En lo que sigue, mostramos algunas afirmaciones referidas a la inclusión de conjuntos.

(a) Sea A un conjunto. Entonces $A \subset A$ y $\emptyset \subset A$

(b) Sean A y B dos conjuntos. Entonces si $A \subset B$ y $B \subset A$ es $A = B$.

(c) Sean A, B y C tres conjuntos. Si $A \subset B$ y $B \subset C$. Entonces $A \subset C$.

Sea A un conjunto. El conjunto A y el conjunto $\emptyset$ son subconjuntos propios de A; por otra parte, si B es un conjunto de forma que $B \subset A$ y $B \neq A$ y $B \neq \emptyset$, entonces decimos que B es un subconjunto propio de A.

A partir de un conjunto A se puede construir el conjunto formado por todos los subconjuntos posibles de A; tal conjunto se conoce como conjunto potencia y se denota por 2^A o también por $\mathcal{P}(A)$.

Ejemplo 1.2 *Consideramos el conjunto A formado por los letras a, b y c, es decir, se tiene que $A = \{a,b,c\}$. El conjunto potencia de A está formado por los elementos que indicamos en lo que sigue*

$$\emptyset \quad \{a\} \quad \{b\} \quad \{c\}$$
$$\{a,b\} \quad \{a,c\} \quad \{b,c\} \quad \{a,b,c\}$$

Por ejemplo podemos decir que $\{b,c\} \in \mathcal{P}(A)$, $b,c \in A$, mientras que $b,c \notin \mathcal{P}(A)$. $\square$

Ejemplo 1.3 *Consideramos el conjunto A formado por los letras a, b c y d, es decir, tenemos que $A = \{a,b,c,d\}$. El conjunto potencia de A está formado por los elementos que indicamos en lo que sigue*

$$\begin{array}{cccc}
\varnothing & \{a\} & \{b\} & \{c\} \\
\{d\} & \{a,b\} & \{a,c\} & \{a,d\} \\
\{b,c\} & \{b,d\} & \{c,d\} & \{a,b,c\} \\
\{a,b,d\} & \{a,c,d\} & \{b,c,d\} & \{a,b,c,d\}
\end{array}$$

Por ejemplo, podemos decir que $\{a,b,c,d\} \in \mathcal{P}(A)$, $d \in A$, mientras que $d \notin \mathcal{P}(A)$. $\square$

En lo que sigue, mostramos algunas de las operaciones que se pueden realizar con conjuntos; para ello, tomamos como punto de partida un conjunto Ω y dos subconjuntos en el mismo que denotamos por A y B, es decir, $A \subset \Omega$ y $B \subset \Omega$.

Se define el conjunto unión A y B como el conjunto formado por los elementos que pertenecen a A o pertenecen a B y se denota por $A \cup B$. Lo anterior se puede resumir con la notación que sigue

$$A \cup B = \{x \in \Omega : x \in A \text{ o } x \in B\}$$

Se define el conjunto intersección de A y B como el conjunto formado por los elementos que pertenecen a A y pertenecen a B y se denota por $A \cap B$. Lo anterior se puede resumir con la notación que sigue

$$A \cap B = \{x \in \Omega : x \in A \text{ y } x \in B\}$$

Por otra parte, se define el conjunto complementario de A como el conjunto formado por los elementos de Ω que no pertenecen al conjunto A y se denota por A^c. Lo anterior se denota de la forma siguiente:

$$A^c = \{x \in \Omega : x \notin A\}$$

A continuación, resumimos en la siguiente lista las principales propiedades que verifican la unión y la intersección de conjuntos:

(a) $A \cup \emptyset = A$ para todo A

(b) $A \cup B = B \cup A$ para todo A y B

(c) $(A \cup B) \cup C = A \cup (B \cup C)$ para todo A, B y C

(d) $A \cap \emptyset = \emptyset$ para todo A

(e) $A \cap B = B \cap A$ para todo A y B

(f) $(A \cap B) \cap C = A \cap (B \cap C)$ para todo A, B y C

(g) $A \cup (B \cap C) = (A \cup B) \cap (A \cup C)$ para todo A, B y C

En la siguiente lista resumimos las principales propiedades que verifica el complementario de un conjunto

(a) $\Omega^c = \emptyset$ y $\emptyset^c = \Omega$

(b) $A^c \cap A = \emptyset$ y $A^c \cup A = \Omega$ para todo $A \subset \Omega$

(c) $(A^c)^c = A$ para todo A

(d) $(A \cup B)^c = A^c \cap B^c$ para todo A y B

(e) $(A \cap B)^c = A^c \cup B^c$ para todo A y B[1]

---

[1]Las propiedades (d) y (e) son conocidas como Leyes de De Morgan y reciben el nombre en honor al matemático y lógico Augustus De Morgan (1806-1871).

En la tabla que sigue resumimos la relación de pertenencia respecto a la unión, la intersección y el complementario

A	B	$A\cap B$	$A\cup B$	A^c	B^c
$\in$	$\in$	$\in$	$\in$	$\notin$	$\notin$
$\in$	$\notin$	$\notin$	$\in$	$\notin$	$\in$
$\notin$	$\in$	$\notin$	$\in$	$\in$	$\notin$
$\notin$	$\notin$	$\notin$	$\notin$	$\in$	$\in$

Tabla 1.1: Resumen de pertenencias.

A partir de dos conjuntos dados A y B se define el conjunto producto cartesiano de ambos como el conjunto formado por los pares (a,b), donde $a \in A$ y $b \in B$, el conjunto así definido se denota por $A \times B$, así pues se tiene lo que sigue

$$A \times B = \{(a,b) : a \in A, b \in B\}$$

Ejemplo 1.4 Consideramos los conjuntos A y B de forma que

$$A = \{1,2,3\} \quad \text{y} \quad B = \{a,b\}$$

Entonces el conjunto producto de los conjuntos A y B que denotamos por $A \times B$ es el que está formado por los elementos que siguen

$$(1,a) \quad (2,a) \quad (3,a)$$
$$(1,b) \quad (2,b) \quad (3,b)$$

El conjunto producto de A por sí mismo que denotamos por $A \times A$ es el que está formado por los elementos que siguen

$$(1,1) \quad (2,1) \quad (3,1)$$
$$(1,2) \quad (2,2) \quad (3,2)$$
$$(1,3) \quad (2,3) \quad (3,3)$$

Finalmente, el conjunto producto de B por sí mismo que denotamos por $B \times B$ es el que está formado por los elementos que siguen

$$(a,a) \quad (b,a) \quad (a,b) \quad (b,b) \qquad \square$$

1.2. El número real

El conjunto de los números reales lo representamos por $\mathbb{R}$, y los números reales los representamos mediante las letras: x, y, z,...

Empezamos detallando las propiedades que verifican los números reales respecto de las operaciones suma y producto:

(a) $x + (y + z) = (x + y) + z$ para todo $x, y, z \in \mathbb{R}$

(b) $x + 0 = x$ para todo $x \in \mathbb{R}$

(c) Para todo $x \in \mathbb{R}$ existe $-x \in \mathbb{R}$ tal que $x + (-x) = 0$

(d) $x + y = y + x$ para todo $x, y \in \mathbb{R}$

(e) $x \cdot (y \cdot z) = (x \cdot y) \cdot z$ para todo $x, y, z \in \mathbb{R}$

(f) $x \cdot (y + z) = x \cdot y + x \cdot z$ para todo $x, y, z \in \mathbb{R}$

(g) $x \cdot y = y \cdot x$ para todo $x, y \in \mathbb{R}$

(h) Existe $1 \in \mathbb{R}$ tal que $1 \cdot x = x$ para todo $x \in \mathbb{R}$

(i) Para todo $x \in \mathbb{R}$ tal que $x \neq 0$ existe $x^{-1} \in \mathbb{R}$ de forma que $x \cdot x^{-1} = 1$

A partir de lo anterior, tenemos que el conjunto $\mathbb{R}$ con las operaciones suma y producto tiene estructura de cuerpo y lo denotamos por $(\mathbb{R}, +, \cdot)$.

En lo sucesivo diremos simplemente el cuerpo de los números reales $\mathbb{R}$, ya que se comprende que es con las operaciones suma y producto habituales. También apuntamos que el producto $x \cdot y$ lo denotaremos por xy para simplificar.

Los conjuntos de números reales conocidos como intervalos aparecerán con mucha frecuencia. Los distintos casos de intervalo que se pueden dar los detallamos en lo que sigue:

$$[a,b] = \{x \in \mathbb{R} : a \leq x \leq b\} \quad [a,b) = \{x \in \mathbb{R} : a \leq x < b\}$$

$$(a,b] = \{x \in \mathbb{R} : a < x \leq b\} \quad (a,b) = \{x \in \mathbb{R} : a < x < b\}$$

$$[a,\infty) = \{x \in \mathbb{R} : x \geq a\} \quad (a,\infty) = \{x \in \mathbb{R} : x > a\}$$

$$(-\infty,b] = \{x \in \mathbb{R} : x \leq b\} \quad (-\infty,b) = \{x \in \mathbb{R} : x < b\}$$

El cuerpo de los números reales es ordenado, para resumir recordamos que $x < y$ exactamente cuando $x - y < 0$. Dados los números reales x e y se da una y solo una de las siguientes relaciones

$$x < y \quad y < x \quad x = y$$

Sean x e y dos números reales. Entonces $x \leq y$ indica que $x < y$ o $x = y$, y, de la misma forma, $x \geq y$ indica que $x > y$ o $x = y$.

Definición 1.1 *Sea A un conjunto de números reales*

(a) Se dice que γ es una cota superior del conjunto A si $x \leq \gamma$ para todo $x \in A$. Si existe un número real γ tal que γ es una cota superior de A decimos que A es acotado superiormente.

(b) Se dice que δ es una cota inferior del conjunto A si $x \geq \delta$ para todo $x \in A$. Si existe un número real δ tal que δ es una cota inferior de A decimos que A es acotado inferiormente.

(c) Se dice que A es acotado cuando es acotado superiormente y acotado inferiormente.

Definición 1.2 *Sea A un conjunto de números reales.*

(a) Se dice que α es el supremo del conjunto A si α es una cota superior y para toda cota superior γ se verifica que $\gamma \geq \alpha$. Se denota por $\alpha = \sup A$.

(b) Se dice que β es el ínfimo del conjunto A si β es una cota inferior y para toda cota inferior δ se verifica que $\delta \leq \beta$. Se denota por $\beta = \inf A$.

Sea A un conjunto de números reales acotado superiormente. Entonces existe un número real α tal que $\alpha = \sup A$.

Sea x un número real. Se define el valor absoluto de x como

$$|x| = \begin{cases} x & \text{si } x \geq 0 \\ -x & \text{si } x < 0 \end{cases}$$

Las principales propiedades que verifica el valor absoluto son las siguientes:

(a) $|x| \geq 0$ para todo $x \in \mathbb{R}$.

(b) $|x| = 0$ exactamente cuando $x = 0$.

(c) $|xy| = |x|\,|y|$ para todo $x, y \in \mathbb{R}$.

(d) $\left|\frac{x}{y}\right| = \frac{|x|}{|y|}$ para todo $x, y \in \mathbb{R}$, $y \neq 0$.

(e) $|x+y| \leq |x| + |y|$ *(desigualdad triangular)*

1.3. Ejercicios

Ejercicio 1 *Se consideran los conjuntos A y B de forma que*

$$A = \{\alpha, \beta, \gamma\} \quad y \quad B = \{x, y, z, t\}$$

Determina el conjunto producto de los conjuntos A y B y calcula su cardinal.

Solución. El conjunto producto de los conjuntos A y B que se denota por $A \times B$ es el que está formado por los elementos que siguen

$$\begin{array}{cccc}
(\alpha, x) & (\alpha, y) & (\alpha, z) & (\alpha, t) \\
(\beta, x) & (\beta, y) & (\beta, z) & (\beta, t) \\
(\gamma, x) & (\gamma, y) & (\gamma, z) & (\gamma, t)
\end{array}$$

Tenemos pues que el cardinal del conjunto $A \times B$ que se denota por $|A \times B|$ es 12.

Ejercicio 2 *Sean los conjuntos de números reales A y B, donde $A = [0, 6)$ y $B = (5, 10]$. Determina los conjuntos A^c, $A \cap B$ y $A \cup B$*

Solución. Los conjuntos que solicita el enunciado son los que se exponen a continuación

$$A^c = (-\infty, 0) \cup [6, \infty) \qquad A \cap B = (5, 6)$$

$$A \cup B = [0, 10]$$

Ejercicio 3 *Sean los conjuntos de números reales A y B, donde $A = (-\infty, 0)$ y $B = (0, 1]$. Determina los conjuntos A^c, B^c, $A \cap B$ y $A \cup B$*

Solución. Los conjuntos que solicita el enunciado son los que se exponen a continuación

$$A^c = [0, \infty) \qquad B^c = (-\infty, 0] \cup (1, \infty)$$

$$A \cup B = (-\infty, 0) \cup (0, 1] \qquad A \cap B = \emptyset$$

Ejercicio 4 *Consideramos el conjunto:*

$$A = \left\{ 1, \frac{1}{2}, \frac{1}{3}, \dots \right\}.$$

Determina el supremo y el ínfimo del conjunto A.

Solución. Tenemos de forma evidente que $1 \in A$ y además para todo $x \in A$ es $1 \geq x$, por tanto, 1 es el supremo del conjunto A.

Por otra parte, tenemos que para todo $x \in A$ es $x > 0$ además para todo $\delta > 0$ existe $n \in \mathbb{N}$ tal que $\frac{1}{n} \in (0, \delta)$, así pues tenemos que 0 es el ínfimo del conjunto A

Ejercicio 5 *Resuelve las siguientes inecuaciones*

1. $x|x+2| > 1$

2. $x^2 - 5x + 6 \geq 0$

Solución. Para la primera inecuación, proponemos lo siguiente:

1. Para $x \geq -2$

$$x(x+2) > 1, \quad x^2 + 2x - 1 > 0, \quad (x+1)^2 > 2, \quad x > \sqrt{2} - 1$$

2. Para $x < -2$

$$-x(x+2) > 1, \quad x^2 + 2x + 1 < 0, \quad (x+1)^2 < 0$$

Tenemos, pues, que en este caso no existen soluciones.

El conjunto formado por las soluciones de la inecuación es el intervalo $(\sqrt{2} - 1, \infty)$.

Para la segunda inecuación del enunciado, realizamos lo siguiente:

$$x^2 - 5x + 6 = 0; \quad x = \frac{5 \pm \sqrt{5^2 - 4 \cdot 6}}{2}; \quad x = 3 \quad \text{y} \quad x = 2$$

Por tanto la inecuación, podemos expresarla de la forma $(x - 3)(x - 2) \geq 0$. Ahora, tenemos en cuenta la regla de los signos del producto y elaboramos la tabla siguiente:

x	$(x-3)(x-2)$
$x < 2$	$+$
$x = 2$	0
$2 < x < 3$	$-$
$x = 3$	0
$x > 3$	$+$

si nos fijamos en la tabla anterior tenemos que las soluciones de la inecuación son los números reales que pertenecen al conjunto $(-\infty, 2] \cup [3, \infty)$.

Ejercicio 6 *Resuelve las siguientes inecuaciones*

1. $1 + |x| < 2$

2. $|x+1|-x>1$

Solución. Para la primera inecuación, proponemos lo siguiente:

1. Para $x \geq 0$
$$1+x<2, \quad x<1$$

2. Para $x<0$
$$1-x<2, \quad x>-1$$

Resumiendo ambos casos, podemos decir que las soluciones de la inecuación son los números reales pertenecientes al conjunto $(-1,1)$.

Para la segunda inecuación, realizamos lo siguiente:

1. Para $x \geq -1$
$$x+1-x>1, \quad 1>1$$

   por tanto, no existen soluciones en este caso.

2. Para $x<-1$
$$-x-1-x>1, \quad -2x>2, \quad x<-1$$

Resumiendo ambos casos, podemos decir que las soluciones de la inecuación son los números reales pertenecientes al conjunto $(-\infty,-1)$.

Ejercicio 7 *Resuelve las siguientes inecuaciones*

1. $|x^2-1|+2x+2>0$

2. $|x^2-3x+2|-1>x$

Solución. Para la primera inecuación, proponemos lo siguiente:

$$x^2 - 1 = (x+1)(x-1)$$

y así tenemos

x	$(x+1)(x-1)$
$x < -1$	$+$
$x = -1$	0
$-1 < x < 1$	$-$
$x = 1$	0
$x > 1$	$+$

Si nos fijamos en la tabla anterior, tenemos los siguientes casos que analizamos a continuación

1. $x \in (-\infty, -1] \cup [1, \infty)$

$$x^2 - 1 + 2x + 2 > 0, \quad x^2 + 2x + 1 > 0, \quad (x+1)^2 > 0$$

por tanto, se verifica para todos los números reales que pertenecen a este caso, excepto $x = -1$.

2. $x \in (-1, 1)$

$$-x^2 + 1 + 2x + 2 > 0, \quad -x^2 + 2x + 3 > 0$$

$$x = \frac{-2 \pm \sqrt{4 + 12}}{-2} = \frac{-2 \pm 4}{-2}, \quad x = -1, \quad x = 3$$

x	$(x+1)(3-x)$
$x < -1$	$-$
$x = -1$	0
$-1 < x < 3$	$+$
$x = 3$	0
$x > 3$	$-$

Resumiendo ambos casos, tenemos que las soluciones son los números reales que pertenecen al conjunto $(-\infty, -1) \cup (-1, \infty)$.

Para la segunda inecuación, realizamos lo siguiente:

$$x^2 - 3x + 2 = 0, \quad x = \frac{3 \pm \sqrt{9-8}}{2} = \frac{3 \pm 1}{2}, \quad x = 2, \quad x = 1$$

x	$(x-1)(x-2)$
$x < 1$	$+$
$x = 1$	0
$1 < x < 2$	$-$
$x = 2$	0
$x > 2$	$+$

1. $x \in (-\infty, 1] \cup [2, \infty)$

$$x^2 - 3x + 2 - 1 > x, \quad x^2 - 4x + 1 > 0$$

$$x = \frac{4 \pm \sqrt{16-4}}{2} = \frac{2 \pm \sqrt{3}}{2}, \quad x = 2 + \sqrt{3}, \quad x = 2 - \sqrt{3}$$

x	$(x-2+\sqrt{3})(x-2+\sqrt{3})$
$x < 2 - \sqrt{3}$	$+$
$x = 2 - \sqrt{3}$	0
$2 - \sqrt{3} < x < 2 + \sqrt{3}$	$-$
$x = 2 + \sqrt{3}$	0
$x > 2 + \sqrt{3}$	$+$

2. $x \in (1, 2)$

$$-x^2 + 3x - 2 - 1 > x, \quad -x^2 - 2x - 3 > 0, \quad x^2 + 2x + 3 < 0$$

$$x = \frac{-2 \pm \sqrt{4-12}}{2} = \frac{-2 \pm \sqrt{-8}}{2}$$

por tanto, no obtenemos ninguna solución en este caso.

Resumiendo ambos casos tenemos que las solucines de la inecuación son los números reales pertenecientes al conjunto $(-\infty, 1) \cup (2 + \sqrt{3}, \infty)$.

2

Método de inducción

2.1. Método de inducción

Sea P un enunciado en el que intervienen los números naturales y sea n un número natural. Si P es cierto para n entonces lo denotamos por $P(n) = 1$ y si P es falso para n lo denotamos por $P(n) = 0$.

El método de inducción consiste en lo siguiente:

Sea P un enunciado en el que intervienen los números naturales. Si se verifica

(1) $P(1) = 1$

(2) Si $P(n) = 1$, entonces $P(n+1) = 1$

entonces $P(n) = 1$ para todo número natural n.

Para probar la validez del procedimiento descrito procedemos de la forma siguiente: Supongamos que (1) y (2) son ciertas y A es el conjunto de los números naturales para los cuales el enunciado P es falso, es decir,

$$A = \{n \in \mathbb{N} : P(n) = 0\}$$

En virtud del principio de buena ordenación, sabemos que el conjunto A tiene un elemento mínimo, y tal elemento lo denotamos como k. A partir de lo anterior, deducimos de forma inmediata que el enunciado P es cierto para $k-1$, pero por otra parte tenemos que en virtud de (2) el enunciado P es cierto para k.

Concluimos, pues, que la única forma de salvar la contradicción es que el conjunto A tal y como lo hemos definido sea el conjunto vacío, es decir, $A = \emptyset$. Por tanto, el enunciado P es cierto para todos los números naturales.

2.2. Ejercicios

Ejercicio 1 *Prueba por inducción que para todo conjunto A finito se verifica que el cardinal del conjunto $\mathcal{P}(A)$ es $2^{|A|}$.*

Solución. Para $n = 1$ es evidente, supongamos que A es un conjunto formado por un único elemento a, es decir, $A = \{a\}$; entonces tenemos que

$$\mathcal{P}(A) = \{\emptyset, A\}$$

así pues, $|\mathcal{P}(A)| = 2^1 = 2$

Ahora, supongamos que la afirmación del enunciado es cierta para n y veamos que, en tal caso, también lo es para $n+1$.

Para ello, consideramos un conjunto A tal que $|A| = n$. Ahora, consideramos el conjunto $B = A \cup \{x\}$; entonces tenemos que $|B| = n+1$

Por hipótesis de inducción tenemos que tenemos que $|\mathcal{P}(A)| = 2^n$; además es evidente que

$$\mathcal{P}(B) = \mathcal{P}(A) \cup \mathcal{P}_x(A)$$

donde $\mathcal{P}_x(A)$ es el conjunto formado por los subconjuntos de B que contienen al elemento x. Se comprueba sin dificultad que

$|\mathcal{P}_x(A)| = 2^n$. Así pues, tenemos que

$$|\mathcal{P}(B)| = |\mathcal{P}(A)| + |\mathcal{P}_x(A)| = 2^n + 2^n = 2^{n+1}$$

y así podemos concluir que la afirmación del enunciado es cierta para todo número natural n.

Ejercicio 2 *Prueba por inducción que para todo número natural n se verifica que $n^2 + n$ es un número par.*

Solución. Para $n = 1$ es evidente, ya que $1^2 + 1 = 2$ que es un número par.

Ahora, supongamos que la afirmación del enunciado es cierta para n y veamos que, en tal caso, también lo es para $n + 1$.

Por hipótesis de inducción existe un número natural p de forma que $n^2 + n = 2p$; por otra parte tenemos que

$$(n+1)^2 + (n+1) = n^2 + 2n + 1 + n + 1 = n^2 + n + 2n + 2 =$$

$$2p + 2n + 2 = 2(p + n + 1)$$

y así podemos concluir que la afirmación del enunciado es cierta para todo número natural n.

Una forma de resolver el enunciado, sin utilizar el método de inducción, consiste en seguir el razonamiento siguiente.

Sea n un número natural. Si n es par, entonces existe un número natural p de forma que $n = 2p$ y tenemos que

$$n^2 + n = n(n+1) = 2p(n+1)$$

por tanto, $n^2 + n$ es par.

Por otra parte, si n es impar, existe un número natural p de forma que $n = 2p - 1$ y tenemos que

$$n^2 + n = n(n+1) = n(2p+2) = 2n(p+1)$$

por tanto, $n^2 + n$ es par.

Ejercicio 3 *Prueba por inducción que para todo número natural n se verifica que $n^3 - n$ es divisible por 3.*

Solución. Para $n = 1$ es evidente, ya que $1^3 - 1 = 0$ que es divisible por 3.

Ahora, supongamos que la afirmación del enunciado es cierta para n y veamos que, en tal caso, también lo es para $n + 1$.

Por hipótesis de inducción existe un número natural p de forma que $n^3 - n = 3p$; por otra parte tenemos que

$$(n+1)^3 - (n+1) = (n+1)((n+1)^2 - 1) = (n+1)n(n+2) =$$

$$(n+1)n(n+3-1) = 3(n+1)n + (n+1)n(n-1) =$$

$$3(n+1)n + n^3 - n = 3(n+1)n + 3p =$$

$$3((n+1)n + p)$$

y así podemos concluir que la afirmación del enunciado es cierta para todo número natural n.

Una segunda forma de resolver el enunciado sin emplear el método de inducción la obtenemos utilizando la factorización de la expresión del enunciado

$$n^3 - n = n(n^2 - 1) = (n-1)n(n+1)$$

Por tanto, la expresión del enunciado consiste en el producto de tres números naturales consecutivos y de ello se deduce que uno de ellos es múltiplo de tres. En efecto, existen dos números naturales p y q de forma que $n = 3p + q$ y $q = 0, 1, 2$ si $q = 0$, entonces n es múltiplo de tres; si $q = 1$, entonces $n - 1 = 3p$; por último, si $q = 2$, entonces $n + 1 = 3(p + 1)$. De esta forma podemos concluir que $n^3 - n$ es múltiplo de tres para todo número natural n.

Ejercicio 4 *Prueba por inducción que para todo número natural n se verifica que $7^n - 1$ es divisible por seis.*

Solución. Para $n = 1$ es evidente, ya que $7^1 - 1 = 6$ que es divisible por seis.

Ahora, supongamos que la afirmación del enunciado es cierta para n y veamos que, en tal caso, también lo es para $n + 1$.

Por hipótesis de inducción existe un número natural p de forma que $7^n - 1 = 6p$; por otra parte tenemos que

$$7^{n+1} - 1 = 7 \cdot 7^n - 7 + 6 = 7(7^n - 1) + 6 =$$

$$7 \cdot 6 \cdot p + 6 = 6(7p + 1)$$

y así podemos concluir que la afirmación del enunciado es cierta para todo número natural n.

Una segunda forma de resolver el enunciado sin utilizar el método de inducción consiste en emplear la *fórmula ciclotómica*; para ello, tenemos en cuenta que para todo número natural n es $1^n = 1$ y así pues

$$7^n - 1 = 7^n - 1^n = (7 - 1)(7^{n-1} + 7^{n-2} + \cdots + 1^{n-1})$$

por tanto,

$$7^n - 1 = 6(7^{n-1} + 7^{n-2} + \cdots + 1)$$

Ejercicio 5 *Prueba por inducción que para todo número natural n tal que $n \geq 4$ se verifica que existen dos números enteros no negativos p y q de forma que $n = 2p + 5q$.*

Solución. Para $n = 4$ es evidente que el enunciado es cierto, ya que $4 = 2 \cdot 2 + 5 \cdot 0$ ($p = 2$ y $q = 0$).

Ahora, supongamos que la afirmación del enunciado es cierta para n y veamos que, en tal caso, también lo es para $n + 1$.

Por hipótesis de inducción existen enteros no negativos p y q de forma que $n = 2p + 5q$; por tanto, $n + 1 = 2p + 5q + 1$. A continuación distinguimos los dos casos siguientes:

1. Si $p > 1$, entonces tenemos que

$$n + 1 = 2p + 5q + 5 - 2 \cdot 2; \quad n + 1 = 2(p - 2) + 5(q + 1)$$

2. Si $p = 1$ o $p = 0$, entonces $q > 0$ y tenemos que

$$n + 1 = 2p + 5q + 2 \cdot 3 - 5; \quad n + 1 = 2(p + 3) + 5(q - 1)$$

y así podemos concluir que la afirmación del enunciado es cierta para todo número natural n tal que $n \geq 4$.

Ejercicio 6 (Binomio de Newton) *Sean a y b dos números reales. Prueba por inducción que para todo número natural n se verifica la relación*

$$(a + b)^n = C_{n,0}a^n + C_{n,1}a^{n-1}b + \cdots + C_{n,n-1}ab^{n-1} + C_{n,n}b^n$$

donde

$$C_{n,k} = \frac{n!}{k!(n-k)!}$$

Solución. Para $n = 1$ la relación es cierta; en efecto, $C_{1,0} = C_{1,1} = 1$, por tanto

$$(a+b)^1 = C_{1,0}a + C_{1,1}b = a+b$$

Supongamos que la relación es cierta para n y veamos que, en tal caso, también lo es para $n+1$; para ello, notamos, en primer lugar lo siguiente:

$$C_{n,k-1} + C_{n,k} = \frac{n!}{(k-1)!(n-k+1)!} + \frac{n!}{k!(n-k)!} =$$

$$\frac{n!}{(k-1)!(n-k)!}\left(\frac{1}{n-k+1} + \frac{1}{k}\right) =$$

$$\frac{n!}{(k-1)!(n-k)!}\frac{n+1}{(n-k+1)k} =$$

$$\frac{(n+1)!}{k!(n+1-k)!} = C_{n+1,k}$$

y, además $C_{n,0} = C_{n+1,0}$ y $C_{n,n} = C_{n+1,n+1}$. Ahora, realizamos lo siguiente:

$$(a+b)^{n+1} = (a+b)(a+b)^n = a(a+b)^n + b(a+b)^n =$$

$$C_{n,0}a^{n+1} + C_{n,1}a^n b + \cdots + C_{n,n-1}a^2 b^{n-1} + C_{n,n}ab^n +$$

$$C_{n,0}a^n b + C_{n,1}a^{n-1}b^2 + \cdots + C_{n,n-1}ab^n + C_{n,n}b^{n+1}$$

A continuación, tenemos en cuenta las anotaciones que se han hecho anteriormente y nos queda

$$(a+b)^{n+1} = C_{n,0}a^{n+1} + (C_{n,0}+C_{n,1})a^n b + \cdots + (C_{n,n-1}+C_{n,n})ab^n +$$

$$C_{n,n}b^{n+1} = C_{n+1,0}a^{n+1} + C_{n+1,1}a^n b + \cdots + C_{n+1,n}ab^n + C_{n+1,n+1}b^{n+1}$$

y así podemos afirmar que la relación es cierta para todo número natural n.

Ejercicio 7 (Fórmula ciclotómica) *Sean a y b dos números reales. Prueba por inducción que para todo número natural $n > 1$ se verifica la relación*

$$a^n - b^n = (a-b)(a^{n-1} + a^{n-2}b + \cdots + ab^{n-2} + b^{n-1})$$

Solución. Para $n = 2$ la relación es cierta; en efecto, para mostrarlo realizamos lo siguiente:

$$a^2 - b^2 = a^2 - ab + ab - b^2 = a(a-b) + b(a-b) = (a-b)(a+b)$$

Supongamos que la relación es cierta para n y veamos que, en tal caso, también lo es para $n+1$

$$a^{n+1} - b^{n+1} = a^{n+1} - ab^n + ab^n - b^{n+1} = a(a^n - b^n) + b^n(a-b)$$

A partir de lo anterior, tenemos que

$$a^{n+1} - b^{n+1} = a(a-b)(a^{n-1} + a^{n-2}b + \cdots + ab^{n-2} + b^{n-1}) + b^n(a-b)$$

Finalmente, sacando factor común $a - b$ nos queda

$$a^{n+1} - b^{n+1} = (a-b)(a^n + a^{n-1}b + \cdots + ab^{n-1} + b^n)$$

y así podemos afirmar que la relación es cierta para todo número natural $n > 1$.

Ejercicio 8 *Prueba por inducción que para todo número natural n se verifica la relación*

$$C_{n,0} + C_{n,1} + \cdots + C_{n,n-1} + C_{n,n} = 2^n$$

donde $C_{n,k} = \frac{n!}{k!(n-k)!}$.

Solución. Para $n = 1$ la relación del enunciado es cierta. En efecto,

$$C_{1,0} + C_{1,1} = 1 + 1 = 2^1$$

Supongamos que la relación es cierta para n y veamos que, en tal caso, también lo es para $n + 1$. Para ello, tenemos en cuenta la relación que hemos resuelto en el ejercicio 6

$$C_{n+1,k} = C_{n,k} + C_{n,k-1}$$

y tenemos que

$$
\begin{aligned}
C_{n+1,0} &= C_{n,0} \\
C_{n+1,1} &= C_{n,1} + C_{n,0} \\
C_{n+1,2} &= C_{n,2} + C_{n,1} \\
&\vdots \\
C_{n+1,n-1} &= C_{n,n-1} + C_{n,n-2} \\
C_{n+1,n} &= C_{n,n} + C_{n,n-1} \\
C_{n+1,n+1} &= C_{n,n}
\end{aligned}
$$

A continuación, sumamos las relaciones anteriores y nos queda

$$C_{n+1,0} + C_{n+1,1} + \cdots + C_{n+1,n} + C_{n+1,n+1} =$$

$$2(C_{n,0} + C_{n,1} + \cdots + C_{n,n-1} + C_{n,n}) = 2 \cdot 2^n = 2^{n+1}$$

y así podemos afirmar que la relación del enunciado es cierta para todo número natural n.

Ejercicio 9 *Prueba por inducción que para todo número natural n se verifica la relación*

$$1 + 2 + \cdots + n = \frac{n(n+1)}{2}$$

Solución. Para $n = 1$ es evidente, ya que $1 = \frac{1 \cdot 2}{2}$.

Supongamos que la relación es cierta para n y veamos que, en tal caso, también lo es para $n + 1$

$$1 + 2 + \cdots + n + n + 1 = \frac{n(n+1)}{2} + n + 1 =$$

$$\frac{n(n+1) + 2(n+1)}{2} = \frac{(n+1)(n+2)}{2}$$

y así podemos afirmar que la relación es cierta para todo número natural n.

Una segunda forma de resolver el enunciado sin utilizar el método de inducción, consiste en seguir el desarrollo que exponemos a continuación

$$\begin{aligned}
S &= 1 + 2 + \cdots + n - 1 + n \\
S &= n + n - 1 + \cdots + 2 + 1
\end{aligned}$$

Ahora, sumamos ambas expresiones agrupando de forma ordenada los elementos que forman el segundo miembro, y, así nos queda n veces la expresión $n + 1$, veámoslo en lo que sigue:

$$2S = n + 1 + n + 1 + \cdots + n + 1 = n(n+1); \quad S = \frac{n(n+1)}{2}$$

Finalmente, se propone una tercera forma de resolver el enunciado; para ello, se tiene en cuenta la relación

$$a^2 - b^2 = (a - b)(a + b)$$

A partir de ella obtenemos las relaciones siguientes:

$$n^2 - (n-1)^2 = (n - (n-1))(2n - 1)$$

$$(n-1)^2 - (n-2)^2 = ((n-1)-(n-2))(n-1+n-2)$$

$$\vdots$$

$$3^2 - 2^2 = (3-2)(3+2)$$

$$2^2 - 1^2 = (2-1)(2+1)$$

Se asume que $1 + 2 + \cdots + n = S$ y se suman las relaciones anteriores y obtenemos lo que sigue

$$n^2 - 1^2 = (n+n-1+\cdots+2) + (n-1+n-2\cdots+1)$$

$$n^2 - 1 = S - 1 + S - n; \quad n^2 - 1 = 2S - 1 - n$$

Ahora, se despeja S y se tiene

$$S = \frac{n^2 + n}{2}; \quad S = \frac{n(n+1)}{2}$$

Ejercicio 10 *Prueba por inducción que para todo número natural n se verifica la relación*

$$1^2 + 2^2 + \cdots + n^2 = \frac{n(n+1)(2n+1)}{6}$$

Solución. Para $n = 1$ es evidente, ya que $1 = \frac{1\cdot2\cdot3}{6}$.

Supongamos que la relación es cierta para n y veamos que, en tal caso, también lo es para $n+1$

$$1^2 + 2^2 + \cdots + n^2 + (n+1)^2 = \frac{n(n+1)(2n+1)}{6} + (n+1)^2 =$$

$$\frac{n(n+1)(2n+1) + 6(n+1)^2}{6} = \frac{(n+1)(n(2n+1)+6n+6)}{6} =$$

$$\frac{(n+1)(2n^2+7n+6)}{6} = \frac{(n+1)(2n(n+2)+3(n+2))}{6} =$$

$$\frac{(n+1)(n+2)(2n+3)}{6}$$

y así podemos afirmar que la relación es cierta para todo número natural n.

En lo que sigue, mostramos una segunda forma de resolver el enunciado. Tomamos como punto de partida la relación siguiente:

$$(n-k)^3 - (n-k-1)^3 = (n-k)^2 + (n-k)(n-k-1)$$

$$+ (n-k-1)^2$$

para $k = 0, 1, \ldots, n-2$.

Ahora sumamos la relación anterior desde $k = 0$ hasta $k = n-2$, es decir, sumamos las siguientes relaciones:

$$\begin{aligned}
n^3 - (n-1)^3 &= n^2 + n(n-1) + (n-1)^2 \\
(n-1)^3 - (n-2)^3 &= (n-1)^2 + (n-1)(n-2) + (n-2)^2 \\
&\vdots \\
3^3 - 2^3 &= 3^2 + 3\cdot 2 + 2^2 \\
2^3 - 1^3 &= 2^2 + 2\cdot 1 + 1^2
\end{aligned}$$

y nos queda lo que sigue

$$n^3 - 1 = S - 1 + 2\cdot 1 + 3\cdot 2 + \cdots + n(n-1) + S - n^2$$

donde $S = 1^2 + 2^2 + \cdots + n^2$.

$$n^3 - 1 = 2S - 1 - n^2 + (1+1)\cdot 1 + (2+1)\cdot 2 + \cdots + (n-1+1)(n-1)$$

$$n^3 - 1 = 2S - 1 - n^2 + S - n^2 + 1 + 2 + \cdots + n - 1$$

Ahora, utilizamos el problema 9 y tenemos que

$$n^3 - 1 = 3S - 1 - 2n^2 + \frac{(n-1)n}{2}$$

Ahora, despejamos S y queda lo que sigue

$$S = \frac{n(2n+1)(n+1)}{6}$$

Ejercicio 11 *Prueba por inducción que para todo número natural n se verifica la relación*

$$1 + 3 + 5 + \cdots + (2n - 1) = n^2$$

Solución. Para $n = 1$ es evidente, ya que $2 \cdot 1 - 1 = 1^2 = 1$.

Ahora, suponemos que la relación es cierta para n y mostramos que, en tal caso, también lo es para $n + 1$

$$1 + 3 + 5 + \cdots + (2n - 1) + (2n + 1) = n^2 + 2n + 1 =$$

$$n^2 + n + n + 1 = n(n+1) + (n+1) = (n+1)^2$$

y de esta forma podemos afirmar que la relación es cierta para todo número natural n.

Una segunda solución al enunciado sin utilizar el método de inducción consiste en lo que sigue.

$$1 + 3 + \cdots + 2n - 1 = (2 \cdot 1 - 1) + (2 \cdot 2 - 1) + \cdot \cdot + (2 \cdot n - 1) =$$

$$2(1 + 2 + \cdots + n) - n$$

Si tenemos en cuenta el problema 9, entonces tenemos que

$$1 + 3 + \cdots + 2n - 1 = 2\frac{n(n+1)}{2} - n = n^2 + n - n = n^2$$

Ejercicio 12 *Prueba por inducción que para todo número natural n se verifica la relación*

$$2+4+6+\cdots+2n = n(n+1)$$

Solución. Para $n=1$ es evidente, ya que $2\cdot 1 = 1\cdot(1+1) = 2$. Ahora, suponemos que la relación es cierta para n y mostramos que, en tal caso, también lo es para $n+1$

$$2+4+6+\cdots+2n+2(n+1) = n(n+1)+2(n+1)$$

$$n(n+1)+2(n+1) = (n+1)(n+2)$$

y de esta forma podemos afirmar que la relación es cierta para todo número natural n.

Una segunda solución al enunciado si utilizar el método de inducción consiste en lo que sigue.

$$2+4+6+\cdots+2n = 2(1+2+3+\cdots+n)$$

Si tenemos en cuenta el problema 9, entonces tenemos que

$$2(1+2+3+\cdots+n) = 2\frac{n(n+1)}{2} = n(n+1)$$

Una tercera solución al enunciado consiste en lo que sigue.

$$P = 2+4+6+\cdots+2n \quad I = 1+3+\cdots+2n-1$$

A partir de lo anterior, tenemos que

$$1+2+3+4+\cdots+(2n-1)+2n = P+I$$

Si tenemos en cuenta los ejercicios 9 y 11, entonces tenemos que

$$\frac{2n(2n+1)}{2} = P+n^2 \quad n(2n+1) = P+n^2 \quad P = n(n+1)$$

Ejercicio 13 *Prueba por inducción que para todo número natural n se verifica la relación*

$$1^3 + 2^3 + \cdots + n^3 = (1 + 2 + \cdots + n)^2$$

Solución. Para $n = 1$ es evidente, ya que $1^3 = 1^2$.

Supongamos que la relación del enunciado es cierta para n y veamos que, en tal caso, también lo es para $n + 1$. Para ello, utilizaremos la expresión que aparece en el ejercicio 9

$$(1 + 2 + \cdots + n + (n+1))^2 = (1 + 2 + \cdots + n)^2 + (n+1)^2 +$$

$$2(n+1)(1 + 2 + \cdots + n) = 1^3 + 2^3 + \cdots + n^3 + (n+1)^2 +$$

$$2(n+1)\frac{n(n+1)}{2} = 1^3 + 2^3 + \cdots + n^3 + n(n+1)^2 + (n+1)^2 =$$

$$1^3 + 2^3 + \cdots + n^3 + (n+1)^3$$

y así podemos afirmar que la relación es cierta para todo número natural n.

Una segunda forma de probar la relación del enunciado sin utilizar el método de inducción consiste en seguir el razonamiento siguiente:

Si desarrollamos el segundo miembro de la relación del enunciado nos queda lo que sigue:

$$(1 + 2 + \cdots + n)^2 = \sum_{i=1}^{n} i^2 + 2\sum_{i=1}^{n-1}\sum_{j=i+1}^{n} i \cdot j$$

Veamos ahora como se puede desarrollar el segundo sumando del segundo miembro de la relación anterior para que nos quede una expresión más clara

$$2\sum_{i=1}^{n-1}\sum_{j=i+1}^{n} i \cdot j = 2\sum_{i=1}^{n-1} i \sum_{j=i+1}^{n} j$$

Ahora, tenemos que el segundo factor se puede calcular de la forma que sigue

$$S = i+1+i+2+\cdots+n-1+n$$

$$S = n+n-1+\cdots+i+2+i+1$$

Si sumamos las dos expresiones nos queda

$$2S = (n-i)(n+i+1); \quad S = \frac{(n-i)(n+i+1)}{2}$$

Por tanto, si tenemos en cuenta los ejercicios 9 y 10 nos queda

$$\sum_{i=1}^{n} i^2 + 2\sum_{i=1}^{n-1} i \sum_{j=i+1}^{n} j = \sum_{i=1}^{n} i^2 + \sum_{i=1}^{n-1} i(n-i)(n+i+1) =$$

$$\sum_{i=1}^{n} i^2 + n^2 \sum_{i=1}^{n-1} i - \sum_{i=1}^{n-1} i^3 + n\sum_{i=1}^{n-1} i - \sum_{i=1}^{n-1} i^2 =$$

$$(n^2+n)\frac{(n-1)n}{2} + n^2 - \sum_{i=1}^{n-1} i^3$$

$$(n^2+n)\frac{(n-1)n}{2} + n^3 + n^2 - \sum_{i=1}^{n} i^3 = \frac{(n^2+n)^2}{2} - \sum_{i=1}^{n} i^3$$

Por otra parte tenemos que

$$(1+2+\cdots+n)^2 = \frac{n^2(n+1)^2}{4}$$

Resumiendo lo desarrollado hasta ahora, tenemos que

$$\frac{(n^2+n)^2}{2} - \sum_{i=1}^{n} i^3 = \frac{(n^2+n)^2}{4}; \quad \sum_{i=1}^{n} i^3 = \frac{n^2(n+1)^2}{4}$$

Ejercicio 14 *Sea r un número real de forma que $r \neq 1$. Prueba por inducción que para todo número natural n se verifica la relación*

$$r + r^2 + \cdots + r^n = \frac{r - r^{n+1}}{1 - r}$$

Solución. Para $n = 1$ es evidente, ya que

$$\frac{r - r^2}{1 - r} = \frac{r(1 - r)}{1 - r} = r$$

Ahora, supongamos que la relación es cierta para n y veamos que, en tal caso, también lo es para $n + 1$

$$r + r^2 + \cdots + r^n + r^{n+1} = \frac{r - r^{n+1}}{1 - r} + r^{n+1}$$

$$= \frac{r - r^{n+1} + r^{n+1} - r^{n+2}}{1 - r} = \frac{r - r^{n+2}}{1 - r}$$

y así podemos afirmar que la relación es cierta para todo número natural n.

Una forma alternativa, al método de inducción, de mostrar que se verifica la relación del enunciado consiste en el razonamiento que sigue

$$S = r + r^2 + \cdots + r^n$$

Se multiplica la relación anterior por r y se obtiene

$$rS = r^2 + r^3 + \cdots + r^{n+1}$$

A continuación, se restan las dos expresiones anteriores y se obtiene lo que sigue

$$(1 - r)S = r - r^{n+1}; \quad S = \frac{r - r^{n+1}}{1 - r}$$

Ejercicio 15 *Sea r un número real de forma que $r \neq 1$. Prueba por inducción que para todo número natural n se verifica la relación*

$$r + 2r^2 + 3r^3 \cdots + nr^n = \frac{r - (n+1)r^{n+1} + nr^{n+2}}{(1-r)^2}$$

Solución. Para $n = 1$ es evidente, ya que

$$\frac{r - 2r^2 + r^3}{(1-r)^2} = \frac{r(1 - 2r + r^2)}{(1-r)^2} = r$$

Ahora, supongamos que la relación es cierta para n y veamos que, en tal caso, también lo es para $n + 1$

$$r + 2r^2 + 3r^3 \cdots + nr^n + (n+1)r^{n+1} = \frac{r - (n+1)r^{n+1} + nr^{n+2}}{(1-r)^2} +$$

$$(n+1)r^{n+1} = \frac{r - (n+1)r^{n+1} + nr^{n+2} + (n+1)r^{n+1}(1-r)^2}{(1-r)^2} =$$

$$\frac{r - (n+2)r^{n+2} + (n+1)r^{n+3}}{(1-r)^2}$$

y así podemos afirmar que la relación es cierta para todo número natural n.

Una forma alternativa al método de inducción de mostrar que se verifica la relación del enunciado consiste en seguir el razonamiento que exponemos a continuación

$$S = r + 2r^2 + \cdots + nr^n$$

Se multiplica la relación anterior por r y se obtiene

$$rS = r^2 + 2r^3 + \cdots + nr^{n+1}$$

A continuación, se restan las dos expresiones anteriores y se obtiene lo que sigue

$$(1-r)S = r + r^2 + \cdots + r^n - nr^{n+1}$$

Por último, se utiliza la relación del ejercicio 14 y se obtiene

$$S = \frac{1}{1-r}\left(\frac{r - r^{n+1}}{1-r} - nr^{n+1}\right); \quad S = \frac{r - (n+1)r^{n+1} + nr^{n+2}}{(1-r)^2}$$

Ejercicio 16 *Sea x un número real de forma que $\frac{x}{2} \neq k\pi$ donde k es un número entero. Prueba por inducción que para todo número natural n se verifica la relación*

$$\operatorname{sen} x + \operatorname{sen} 2x + \cdots + \operatorname{sen} nx = \frac{\operatorname{sen}\frac{(n+1)x}{2}\operatorname{sen}\frac{nx}{2}}{\operatorname{sen}\frac{x}{2}}$$

Solución. Para $n = 1$ es evidente, ya que

$$\frac{\operatorname{sen}\frac{(1+1)x}{2}\operatorname{sen}\frac{x}{2}}{\operatorname{sen}\frac{x}{2}} = \operatorname{sen}\frac{2x}{2} = \operatorname{sen} x$$

Ahora, supongamos que la relación es cierta para n y veamos que, en tal caso, también lo es para $n+1$

$$\operatorname{sen} x + \operatorname{sen} 2x + \cdots + \operatorname{sen} nx + \operatorname{sen}(n+1)x =$$

$$\frac{\operatorname{sen}\frac{(n+1)x}{2}\operatorname{sen}\frac{nx}{2}}{\operatorname{sen}\frac{x}{2}} + \operatorname{sen}(n+1)x =$$

$$\frac{\operatorname{sen}\frac{(n+1)x}{2}\operatorname{sen}\frac{nx}{2} + \operatorname{sen}(n+1)x\operatorname{sen}\frac{x}{2}}{\operatorname{sen}\frac{x}{2}} =$$

$$\frac{\operatorname{sen}\frac{(n+1)x}{2}\operatorname{sen}\frac{nx}{2}+2\operatorname{sen}\frac{(n+1)x}{2}\cos\frac{(n+1)x}{2}\operatorname{sen}\frac{x}{2}}{\operatorname{sen}\frac{x}{2}}=$$

$$\frac{\operatorname{sen}\frac{(n+1)x}{2}\operatorname{sen}\frac{nx}{2}+\operatorname{sen}\frac{(n+1)x}{2}\left(\operatorname{sen}\frac{(n+2)x}{2}-\operatorname{sen}\frac{nx}{2}\right)}{\operatorname{sen}\frac{x}{2}}=$$

$$\frac{\operatorname{sen}\frac{(n+2)x}{2}\operatorname{sen}\frac{(n+1)x}{2}}{\operatorname{sen}\frac{x}{2}}$$

y así podemos afirmar que la relación es cierta para todo número natural n.

Ejercicio 17 *Sea x un número real de forma que $\frac{x}{2}\neq k\pi$ donde k es un número entero. Prueba por inducción que para todo número natural n se verifica la relación*

$$\cos x+\cos 2x+\cdots+\cos nx=\frac{\cos\frac{(n+1)x}{2}\operatorname{sen}\frac{nx}{2}}{\operatorname{sen}\frac{x}{2}}$$

Solución. Para $n=1$ es evidente, ya que

$$\frac{\cos\frac{(1+1)x}{2}\operatorname{sen}\frac{x}{2}}{\operatorname{sen}\frac{x}{2}}=\cos\frac{2x}{2}=\cos x$$

Ahora, supongamos que la relación es cierta para n y veamos que, en tal caso, también lo es para $n+1$

$$\cos x+\cos 2x+\cdots+\cos nx+\cos(n+1)x=$$

$$\frac{\cos\frac{(n+1)x}{2}\operatorname{sen}\frac{nx}{2}}{\operatorname{sen}\frac{x}{2}}+\cos(n+1)x=$$

$$\frac{\cos \frac{(n+1)x}{2} \operatorname{sen} \frac{nx}{2} + \cos(n+1)x \operatorname{sen} \frac{x}{2}}{\operatorname{sen} \frac{x}{2}} =$$

$$\frac{\cos \frac{(n+1)x}{2} \operatorname{sen} \frac{nx}{2} + \cos \frac{2(n+1)x}{2} \operatorname{sen} \frac{x}{2}}{\operatorname{sen} \frac{x}{2}} =$$

$$\frac{\cos \frac{(n+1)x}{2} \operatorname{sen} \frac{nx}{2} + (1 - 2\operatorname{sen}^2 \frac{(n+1)x}{2}) \operatorname{sen} \frac{x}{2}}{\operatorname{sen} \frac{x}{2}} =$$

$$\frac{\cos \frac{(n+1)x}{2} \operatorname{sen} \frac{nx}{2} + \operatorname{sen} \frac{x}{2} - 2\operatorname{sen} \frac{(n+1)x}{2} \operatorname{sen} \frac{x}{2} \operatorname{sen} \frac{(n+1)x}{2}}{\operatorname{sen} \frac{x}{2}} =$$

$$\frac{\cos \frac{(n+1)x}{2} \operatorname{sen} \frac{nx}{2} + \operatorname{sen} \frac{x}{2} - (\cos \frac{nx}{2} - \cos \frac{(n+2)x}{2}) \operatorname{sen} \frac{(n+1)x}{2}}{\operatorname{sen} \frac{x}{2}} =$$

$$\frac{\cos \frac{(n+1)x}{2} \operatorname{sen} \frac{nx}{2} - \cos \frac{nx}{2} \operatorname{sen} \frac{(n+1)x}{2} + \operatorname{sen} \frac{x}{2} + \cos \frac{(n+2)x}{2} \operatorname{sen} \frac{(n+1)x}{2}}{\operatorname{sen} \frac{x}{2}} =$$

$$\frac{\operatorname{sen} \frac{-x}{2} + \operatorname{sen} \frac{x}{2} + \cos \frac{(n+2)x}{2} \operatorname{sen} \frac{(n+1)x}{2}}{\operatorname{sen} \frac{x}{2}} = \frac{\cos \frac{(n+2)x}{2} \operatorname{sen} \frac{(n+1)x}{2}}{\operatorname{sen} \frac{x}{2}}$$

y así podemos afirmar que la relación es cierta para todo número natural n.

3

El número complejo

El cuerpo de los números reales que hemos introducido en el capítulo anterior tiene algunos inconvenientes uno de ellos consiste en que se pueden definir ecuaciones algebraicas en $\mathbb{R}$ de forma que no tengan solución, como por ejemplo $x^2 + 1 = 0$. En el presente capítulo, presentamos los números complejos que pueden verse como una ampliación del conjunto de los números reales.

3.1. El número complejo

Consideramos el conjunto $\mathbb{R}^2$. Definimos la operación suma en $\mathbb{R}^2$ de la forma que indicamos en lo que sigue

Sean $(x_1, y_1), (x_2, y_2) \in \mathbb{R}^2$

$$(x_1, y_1) + (x_2, y_2) = (x_1 + x_2, y_1 + y_2)$$

Ahora definimos un producto en $\mathbb{R}^2$ de la forma que indicamos a continuación:

Sean $(x_1, y_1), (x_2, y_2) \in \mathbb{R}^2$

$$(x_1, y_1) \cdot (x_2, y_2) = (x_1 x_2 - y_1 y_2, x_1 y_2 + x_2 y_1)$$

A partir de lo anterior, podemos definir un cuerpo en $\mathbb{R}$, pero antes modificamos los elementos de $\mathbb{R}^2$ como se indica en lo que sigue

$$z = (x,y) = (x,0) + (0,y) = x(1,0) + y(0,1)$$

al elemento $(1,0)$ de la expresión anterior se le denomina *unidad real* y se representa por 1 y al elemento $(0,1)$ se le denomina *unidad imaginaria* y se representa por i. A partir de lo que hemos visto hasta ahora, tenemos, de forma evidente, que $i^2 = -1$. En efecto,

$$i^2 = (0,1) \cdot (0,1) = (0-1, 0+0) = -1$$

Se definen, pues, los números complejos como $z = x + yi$, donde x es la parte real $(\mathrm{Re}(z) = x)$ e y la parte imaginaria $(\mathrm{Im}(z) = y)$. Esta forma de representar los números complejos se conoce como *forma binómica*. El conjunto de los números complejos se denota por $\mathbb{C}$.

Las operaciones suma y producto de números complejos, con la notación introducida quedan de la siguiente forma

Suma de números complejos:

Sean $z_1, z_2 \in \mathbb{C}$

$$z_1 + z_2 = x_1 + y_1 i + x_2 + y_2 i = (x_1 + x_2) + (y_1 + y_2)i$$

Producto de números complejos:

Sean $z_1, z_2 \in \mathbb{C}$

$$z_1 z_2 = (x_1 + y_1 i)(x_2 + y_2 i) = (x_1 x_2 - y_1 y_2) + (x_1 y_2 + x_2 y_1)i$$

El elemento neutro de la suma de números complejos es $0 + 0i$ y el elemento neutro del producto de números complejos es $1 + 0i$. Con el objeto de simplificar los representaremos por 0 y 1 respectivamente.

Después de haber avanzado en la presentación de los números complejos y de haber definido las operaciones suma y producto de los mismos, resumimos en la siguiente lista las principales propiedades que verifican.

(a) $z_1 + (z_2 + z_3) = (z_1 + z_2) + z_3$ para todo $z_1, z_2, z_3 \in \mathbb{C}$

(b) $z + 0 = z$ para todo $z \in \mathbb{C}$

(c) Para todo $z \in \mathbb{C}$ existe $-z \in \mathbb{C}$ tal que $z + (-z) = 0$

(d) $z_1 + z_2 = z_2 + z_1$ para todo $z_1, z_2 \in \mathbb{C}$

(e) $z_1 \cdot (z_2 \cdot z_3) = (z_1 \cdot z_2) \cdot z_3$ para todo $z_1, z_2, z_3 \in \mathbb{C}$

(f) $z_1 \cdot (z_2 + z_3) = z_1 \cdot z_2 + z_1 \cdot z_3$ para todo $z_1, z_2, z_3 \in \mathbb{C}$

(g) $z_1 \cdot z_2 = z_2 \cdot z_1$ para todo $z_1, z_2 \in \mathbb{C}$

(h) Existe $1 \in \mathbb{C}$ tal que $1 \cdot z = z$ para todo $z \in \mathbb{C}$

(i) Para todo $z \in \mathbb{C}$ de forma que $z \neq 0$ existe $z^{-1} \in \mathbb{C}$ tal que $z \cdot z^{-1} = 1$

A partir de lo anterior, tenemos que el conjunto $\mathbb{C}$ con las operaciones suma y producto tiene estructura de cuerpo y se denota por $(\mathbb{C}, +, \cdot)$. En lo sucesivo diremos simplemente el cuerpo de los números complejos $\mathbb{C}$, ya que comprendemos que es con las operaciones suma y producto habituales. También apuntamos que el producto $z_1 \cdot z_2$ lo denotaremos por $z_1 z_2$ para simplificar.

Sea $z \in \mathbb{C}$, donde $z = x + yi$. Definimos el conjugado de z como el número complejo $\bar{z}$, donde $\bar{z} = x - yi$.

Sea $z \in \mathbb{C}$, donde $z = x + yi$. Definimos el valor absoluto de z como $|z| = \sqrt{x^2 + y^2}$.

Sea $z \in \mathbb{C}$, donde $z = x + yi$ y $z \neq 0$. Entonces tenemos lo siguiente:

$$\frac{1}{z} = \frac{\bar{z}}{z\bar{z}} = \frac{x - yi}{(x + yi)(x - yi)} = \frac{x - yi}{x^2 + y^2} = \frac{\bar{z}}{|z|^2}$$

Las principales propiedades que verifica el conjugado y el módulo de un número complejo las detallamos en la lista siguiente:

(a) $\overline{z_1 + z_2} = \overline{z_1} + \overline{z_2}$ para todo $z_1, z_2 \in \mathbb{C}$

(b) $\overline{z_1 z_2} = \overline{z_1}\,\overline{z_2}$ para todo $z_1, z_2 \in \mathbb{C}$

(c) $\bar{\bar{z}} = z$ para todo $z \in \mathbb{C}$

(d) $z\bar{z} = |z|^2$ para todo $z \in \mathbb{C}$

(e) $|\bar{z}| = |z|$ para todo $z \in \mathbb{C}$

(f) $|z| \geq 0$ para todo $z \in \mathbb{C}$

(g) $|z_1 z_2| = |z_1|\,|z_2|$ para todo $z_1, z_2 \in \mathbb{C}$

(h) $\left|\frac{1}{z}\right| = \frac{1}{|z|}$ para todo $z \in \mathbb{C}$ tal que $z \neq 0$

(i) $|z_1 + z_2| \leq |z_1| + |z_2|$ para todo $z_1, z_2 \in \mathbb{C}$

3.2.　Forma polar de un número complejo

La forma de representar un número complejo que hemos utilizado en el apartado anterior es la *forma binómica*. En lo que sigue a continuación veremos una forma distinta de representar los números complejos.

Sea $z \in \mathbb{C}$, donde $z = x + yi$, y ρ el módulo de z. Definimos el argumento del número complejo z como $\theta = \arctan \frac{y}{x}$ si $x \neq 0$,

$\theta = \frac{\pi}{2}$ si $x = 0$ e $y > 0$ y $\theta = -\frac{\pi}{2}$ si $x = 0$ e $y < 0$. El número complejo z lo podemos representar como $z = \rho_\theta$. Esta forma de representar los números complejos se conoce como *forma polar*.

Sean los números complejos $z_1, z_2 \in \mathbb{C}$ de forma que su representación en forma polar es $\rho_{1\theta_1}$ y $\rho_{2\theta_2}$ respectivamente. Entonces $z_1 = z_2$ exactamente cuando $\rho_1 = \rho_2$ y $\theta_1 - \theta_2 = 2k\pi$ donde $k \in \mathbb{Z}$.

Sea $z \in \mathbb{C}$ de forma que su módulo es ρ y su argumento θ. El número complejo z en forma binómica es $z = \rho\cos\theta + i\rho\,\mathrm{sen}\,\theta$, es decir, la parte real de z es $\rho\cos\theta$ y la parte imaginaria $\rho\,\mathrm{sen}\,\theta$.

Producto de números complejos en forma polar

Sean los números complejos $z_1, z_2 \in \mathbb{C}$ de forma que su representación en forma polar es $\rho_{1\theta_1}$ y $\rho_{2\theta_2}$ respectivamente. Entonces

$$
\begin{aligned}
z_1 z_2 &= \rho_{1\theta_1}\rho_{2\theta_2} = \rho_1\rho_2(\cos\theta_1 + i\,\mathrm{sen}\,\theta_1)(\cos\theta_2 + i\,\mathrm{sen}\,\theta_2) \\
&= \rho_1\rho_2(\cos\theta_1\cos\theta_2 - \mathrm{sen}\,\theta_1\,\mathrm{sen}\,\theta_2 \\
&\quad + i(\mathrm{sen}\,\theta_1\cos\theta_2 + \cos\theta_1\,\mathrm{sen}\,\theta_2)) \\
&= \rho_1\rho_2(\cos(\theta_1 + \theta_2) + i(\mathrm{sen}(\theta_1 + \theta_2))) \\
&= (\rho_1\rho_2)_{(\theta_1+\theta_2)}
\end{aligned}
$$

El módulo del número complejo $z_1 z_2$ es $\rho_1\rho_2$ y el argumento es $\theta_1 + \theta_2$.

Cociente de números complejos en forma polar

Sean los números complejos $z_1, z_2 \in \mathbb{C}$ de forma que su representación en forma polar es $\rho_{1\theta_1}$ y $\rho_{2\theta_2}$ respectivamente y $z_2 \neq 0$. Entonces

$$
\begin{aligned}
\frac{z_1}{z_2} &= \frac{\rho_{1\theta_1}}{\rho_{2\theta_2}} = \frac{\rho_1(\cos\theta_1 + i\,\mathrm{sen}\,\theta_1)}{\rho_2(\cos\theta_2 + i\,\mathrm{sen}\,\theta_2)} \\
&= \frac{\rho_1(\cos\theta_1 + i\,\mathrm{sen}\,\theta_1)(\cos\theta_2 - i\,\mathrm{sen}\,\theta_2)}{\rho_2(\cos\theta_2 + i\,\mathrm{sen}\,\theta_2)(\cos\theta_2 - i\,\mathrm{sen}\,\theta_2)}
\end{aligned}
$$

$$\begin{aligned}
&= \frac{\rho_1(\cos\theta_1\cos\theta_2 + \sen\theta_1\sen\theta_2)}{\rho_2(\cos^2\theta_2 + \sen^2\theta_2)} \\
&+ \frac{\rho_1 i(\sen\theta_1\cos\theta_2 - \cos\theta_1\sen\theta_2))}{\rho_2(\cos^2\theta_2 + \sen^2\theta_2)} \\
&= \frac{\rho_1(\cos(\theta_1-\theta_2) + i\sen(\theta_1-\theta_2))}{\rho_2} = \frac{\rho_1}{\rho_2}_{(\theta_1-\theta_2)}
\end{aligned}$$

Tenemos pues, que el módulo del número complejo $\frac{z_1}{z_2}$ es $\frac{\rho_1}{\rho_2}$ y el argumento es $\theta_1 - \theta_2$.

Sea $\theta \in \mathbb{R}$. Entonces tenemos que

$$(\cos\theta + i\sen\theta)^n = \cos n\theta + i\sen n\theta$$

la relación anterior se conoce como *Fórmula de Moivre*[1].

Las potencias de un número complejo las podemos determinar utilizando la *Fórmula de Moivre* de la siguiente forma. Sea $z \in \mathbb{C}$ tal que la forma polar de z es ρ_θ, y sea $n \in \mathbb{N}$ entonces

$$z^n = (\rho(\cos\theta + i\sen\theta))^n = \rho^n(\cos n\theta + i\sen n\theta)$$

por tanto, el módulo del número complejo z^n es ρ^n y el argumento $n\theta$.

Sea $z \in \mathbb{C}$. Se dice que $w \in \mathbb{C}$ es una raíz n-ésima de z si $w^n = z$ y se representa por $\sqrt[n]{z} = w$. Ahora, se supone que la forma polar de los números complejos z y w es ρ_θ y τ_ϕ respectivamente. Entonces para $k \in \mathbb{Z}$ tenemos que

$$\rho(\cos(\theta + 2k\pi) + i\sen(\theta + 2k\pi)) = \tau^n(\cos n\phi + i\sen n\phi)$$

y de esta forma obtenemos que $\tau = \sqrt[n]{\rho}$ y $\phi = \frac{\theta + 2k\pi}{n}$ para $k = 0, 1, \ldots, n-1$.

---

[1]Reciben ese nombre debido a que fueron obtenidas por el matemático francés Abraham de Moivre (1667-1754)

Fórmulas de Euler[2] Sea $z \in \mathbb{C}$. Entonces

$$\operatorname{sen} z = \frac{e^{iz} - e^{-iz}}{2i} \quad \text{y} \quad \cos z = \frac{e^{iz} + e^{-iz}}{2}$$

Sea $z \in \mathbb{C}$ de forma que el módulo de z es ρ y el argumento θ. Entonces, a partir de las *fórmulas de Euler* obtenemos que se verifica $z = \rho e^{i\theta}$.

Sea $z \in \mathbb{C}$ de forma que el módulo de z es ρ y el argumento es θ. Definimos el logaritmo del número complejo z como

$$\ln z = \ln \rho e^{i(\theta + 2k\pi)} = \ln \rho + i(\theta + 2k\pi), \quad \text{donde} \quad k \in \mathbb{Z}$$

3.3. Ejercicios

Ejercicio 1 *Sean los números complejos*

$$z_1 = 1 + i, \quad z_2 = 3 - i, \quad z_3 = 2i \quad y \quad z_4 = 1 - i$$

Realiza las operaciones

$$z_1 z_2 + z_4, \quad \frac{z_2}{z_3}, \quad \overline{z_3} z_4 z_2, \quad z_1^4 \quad y \quad (z_1 z_4)^4$$

Solución. A continuación, realizamos las operaciones que se han indicado en el enunciado

$$\begin{aligned}
z_1 z_2 + z_4 &= (1+i)(3-i) + 1 - i = 3 - i + 3i + 1 + 1 - i \\
&= 5 + i \\
\frac{z_2}{z_3} &= \frac{3-i}{2i} = \frac{(3-i)i}{2i^2} = -\frac{1-3i}{2} = -\frac{1}{2} + \frac{3}{2}i
\end{aligned}$$

---

[2]Reciben ese nombre debido a que fueron halladas por el matemático suizo Leonhard Euler (1707-1783)

$$\begin{aligned}
\overline{z_3} z_4 z_2 &= -2i(1-i)(3-i) = (-2-2i)(3-i) \\
&= -6+2i-6i-2 = -8-4i \\
z_1^4 &= (1+i)^4 = ((1+i)^2)^2 = (1+2i-1)^2 = (2i)^2 \\
&= -4 \\
(z_1 z_4)^4 &= ((1+i)(1-i))^4 = (1-i+i+1)^4 = 16
\end{aligned}$$

Ejercicio 2 *Resuelve las operaciones que se indican a continuación*

$$\frac{1}{1+\cfrac{1}{1+\cfrac{1}{1+\frac{1}{i}}}}, \quad (1+i)^{20}, \quad \frac{1}{(1+i)^{10}}$$

Solución. Una de las formas de calcular las operaciones del enunciado consiste en realizar lo siguiente:

$$\begin{aligned}
\frac{1}{1+\cfrac{1}{1+\cfrac{1}{1+\frac{1}{i}}}} &= \frac{1}{1+\cfrac{1}{1+\cfrac{1}{\frac{1+i}{i}}}} = \frac{1}{1+\cfrac{1}{1+\frac{i}{1+i}}} = \frac{1}{1+\cfrac{1}{\frac{1+2i}{1+i}}} \\
&= \frac{1}{1+\frac{1+i}{1+2i}} = \frac{1+2i}{2+3i} = \frac{(1+2i)(2-3i)}{(2+3i)(2-3i)} \\
&= \frac{8+i}{13} = \frac{8}{13}+\frac{1}{13}i \\
(1+i)^{20} &= ((1+i)^2)^{10} = (1+2i-1)^{10} = (2i)^{10} \\
&= 2^{10}(i^2)^5 = 1024 \cdot (-1)^5 = -1024 \\
\frac{1}{(1+i)^{10}} &= \frac{1}{((1+i)^2)^5} = \frac{1}{(2i)^5} = \frac{1}{32i} = -\frac{1}{32}i
\end{aligned}$$

Ejercicio 3 *Determina los siguientes números complejos*

$$\frac{i^3+i^5+i^7}{1+i} \quad y \quad \frac{(1+i)^4}{(1-i)^6}$$

Solución. Una de las formas de determinar los números complejos que indica el enunciado es la siguiente:

$$\frac{i^3 + i^5 + i^7}{1+i} = \frac{i^3(1+i^2+i^4)(1-i)}{(1+i)(1-i)} = \frac{-i(1-1+1)(1-i)}{2}$$

$$= \frac{-1-i}{2} = -\frac{1}{2} - \frac{1}{2}i$$

$$\frac{(1+i)^4}{(1-i)^6} = \frac{(1+i)^4(1+i)^6}{(1-i)^6(1+i)^6} = \frac{((1+i)^2)^5}{((1-i)(1+i))^6}$$

$$= \frac{(2i)^5}{2^6} = \frac{i^5}{2} = \frac{1}{2}i$$

Ejercicio 4 *Sea $\theta \in \mathbb{R}$. Prueba que para todo número natural n se verifica la relación*

$$(\cos\theta + i\,\text{sen}\,\theta)^n = \cos n\theta + i\,\text{sen}\,n\theta, \quad \text{(Fórmula de Moivre)}$$

Solución. Para resolver el enunciado recurrimos al método de inducción. Para $n = 1$ la relación es evidente, ya que

$$(\cos\theta + i\,\text{sen}\,\theta)^1 = \cos 1\theta + i\,\text{sen}\,1\theta$$

Ahora, suponemos que la relación es cierta para n y comprobamos que en tal caso también lo es para el caso $n+1$

$$(\cos\theta + i\,\text{sen}\,\theta)^{n+1} = (\cos\theta + i\,\text{sen}\,\theta)^n(\cos\theta + i\,\text{sen}\,\theta) =$$

$$(\cos n\theta + i\,\text{sen}\,n\theta)(\cos\theta + i\,\text{sen}\,\theta) =$$

$$\cos n\theta \cos\theta - \text{sen}\,n\theta\,\text{sen}\,\theta + i(\text{sen}\,n\theta\cos\theta + \cos n\theta\,\text{sen}\,\theta) =$$

$$\cos(n+1)\theta + i\,\text{sen}(n+1)\theta$$

Ejercicio 5 *Sea el número complejo $z = 3 + 4i$. Determina las raíces cuadradas de z.*

Solución. La primera forma de resolver el enunciado que proponemos es la siguiente:

$$\sqrt{z} = \sqrt{3 + 4i} = \alpha + \beta i; \quad 3 + 4i = \alpha^2 + 2\alpha\beta i - \beta^2;$$

$$\left.\begin{array}{r} \alpha^2 - \beta^2 = 3 \\ \alpha\beta = 2 \end{array}\right\}; \quad \beta = \frac{2}{\alpha}$$

Sustituimos en la primera ecuación y nos queda la ecuación bicuadrada:

$$\alpha^4 - 3\alpha^2 - 4 = 0; \quad \alpha^2 = \frac{3 \pm \sqrt{9 + 16}}{2}; \quad \alpha = 2 \quad y \quad \alpha = -2$$

y así tenemos que las raíces cuadradas son $w_1 = 2 + i$ y $w_2 = -2 - i$.

La segunda forma que proponemos para resolver el enunciado consiste en utilizar la forma polar.

$$\sqrt{z} = \sqrt{3 + 4i} = \delta(\cos\varphi + i\operatorname{sen}\varphi);$$

$$5(\cos(\theta + 2k\pi) + i\operatorname{sen}(\theta + 2k\pi)) = \delta^2(\cos 2\varphi + i\operatorname{sen} 2\varphi)$$

donde $\theta = \arctan\frac{4}{3}$. Ahora, igualamos módulos y argumentos y tenemos que

$$\delta = \sqrt{5} \quad y \quad \varphi = \frac{\theta}{2} + k\pi$$

donde $k = 0, 1$, y así pues las raíces cuadradas son

$$w_1 = \sqrt{5}\left(\cos\frac{\theta}{2} + i\operatorname{sen}\frac{\theta}{2}\right)$$

$$w_2 = \sqrt{5}\left(\cos\left(\frac{\theta}{2} + \pi\right) + i\operatorname{sen}\left(\frac{\theta}{2} + \pi\right)\right)$$

Ejercicio 6 *Sea el número complejo $z = i$. Determina las raíces cuartas de z.*

Solución. La forma de resolver el enunciado que proponemos consiste en utilizar la forma polar y así tenemos que.

$$\sqrt[4]{z} = \sqrt[4]{i} = \delta(\cos\varphi + i\operatorname{sen}\varphi);$$

$$(\cos(\frac{\pi}{2} + 2k\pi) + i\operatorname{sen}(\frac{\pi}{2} + 2k\pi)) =$$

$$\delta^4(\cos 4\varphi + i\operatorname{sen} 4\varphi)$$

Ahora, igualamos módulos y argumentos y tenemos que

$$\delta = 1 \quad \text{y} \quad \varphi = \frac{\pi}{8} + \frac{k\pi}{2}$$

donde $k = 0, 1, 2, 3$, y así pues las raíces cuartas de z son

$$w_1 = \cos\frac{\pi}{8} + i\operatorname{sen}\frac{\pi}{8}, \quad w_2 = \cos\frac{5\pi}{8} + i\operatorname{sen}\frac{5\pi}{8},$$

$$w_3 = \cos\frac{9\pi}{8} + i\operatorname{sen}\frac{9\pi}{8} \quad \text{y} \quad w_4 = \cos\frac{13\pi}{8} + i\operatorname{sen}\frac{13\pi}{8}$$

Ejercicio 7 *Determina los siguientes números complejos*

$$\ln i, \quad \ln(1 + i), \quad i\operatorname{sen} i \quad \text{y} \quad \cos(1 + i)$$

Solución. Una de las formas de determinar los números complejos que indica el enunciado es la siguiente:

$$\begin{aligned} \ln i &= \ln\cos(0 + 2k\pi) + i\operatorname{sen}(0 + 2k\pi) = \ln e^{2k\pi i} \\ &= 2k\pi i, \quad k \in \mathbb{Z} \end{aligned}$$

$$\begin{aligned}
\ln(1+i) &= \ln\sqrt{2}\left(\cos(\frac{\pi}{4}+2k\pi)+i\operatorname{sen}(\frac{\pi}{4}+2k\pi)\right)\\
&= \ln\sqrt{2}e^{(\frac{\pi}{4}+2k\pi)i}\\
&= \frac{\ln 2}{2}+(\frac{\pi}{4}+2k\pi)i,\quad k\in\mathbb{Z}\\
i\operatorname{sen}i &= i\frac{e^{i^2}-e^{-i^2}}{2i}=\frac{e^{-1}-e}{2}=\frac{1-e^2}{2e}\\
\cos(1+i) &= \frac{e^{i(1+i)}+e^{-i(1+i)}}{2}=\frac{e^i e^{-1}+e^{-i}e}{2}=\frac{e^i+e^{2-i}}{2e}\\
&= \frac{\cos 1+i\operatorname{sen}1+e^2(\cos 1-i\operatorname{sen}1)}{2e}\\
&= \frac{1+e^2}{2e}\cos 1+i\frac{1-e^2}{2e}\operatorname{sen}1
\end{aligned}$$

Ejercicio 8 *Prueba, utilizando las fórmulas de Euler, que para todo número complejo z es $\operatorname{sen}^2 z+\cos^2 z=1$.*

Solución. Las fórmulas de Euler son

$$\operatorname{sen}z=\frac{e^{iz}-e^{-iz}}{2i}\quad\text{y}\quad\cos z=\frac{e^{iz}+e^{-iz}}{2}$$

Una de las formas de probar lo que solicita el enunciado consiste en realizar el siguiente procedimiento

$$\begin{aligned}
\operatorname{sen}^2 z+\cos^2 z &= \frac{(e^{iz}-e^{-iz})^2}{-4}+\frac{(e^{iz}+e^{-iz})^2}{4}\\
&= \frac{e^{2iz}+e^{-2iz}-2}{-4}+\frac{e^{2iz}+e^{-2iz}+2}{4}\\
&= -\frac{e^{2iz}+e^{-2iz}}{4}+\frac{1}{2}+\frac{e^{2iz}+e^{-2iz}}{4}+\frac{1}{2}=1
\end{aligned}$$

Ejercicio 9 *Prueba, utilizando las fórmulas de Euler, que para los números complejo z y w se verifica la relación siguiente:*

$$\cos(z+w) = \cos z \cos w - \operatorname{sen} z \operatorname{sen} w$$

Solución. Las *fórmulas de Euler* son

$$\operatorname{sen} z = \frac{e^{iz} - e^{-iz}}{2i} \quad y \quad \cos z = \frac{e^{iz} + e^{-iz}}{2}$$

A partir de la relación del enunciado y las fórmulas de Euler obtenemos que el segundo miembro es el siguiente:

$$\frac{e^{iz} + e^{-iz}}{2} \frac{e^{iw} + e^{-iw}}{2} - \frac{e^{iz} - e^{-iz}}{2i} \frac{e^{iw} - e^{-iw}}{2i}$$

si hacemos las operaciones adecuadas obtenemos lo que sigue a continuación

$$\frac{e^{iz}e^{iw} + e^{iz}e^{-iw} + e^{-iz}e^{iw} + e^{-iz}e^{-iw}}{4} +$$

$$\frac{e^{iz}e^{iw} - e^{iz}e^{-iw} - e^{-iz}e^{iw} + e^{-iz}e^{-iw}}{4} =$$

$$\frac{2e^{iz}e^{iw} + 2e^{-iz}e^{-iw}}{4} = \frac{e^{i(z+w)} + e^{-i(z+w)}}{2} = \cos(z+w)$$

Ejercicio 10 *Prueba, utilizando las fórmulas de Euler, que para todo número complejo z se verifican las relaciones siguientes:*

$$\operatorname{sen} 2z = 2 \operatorname{sen} z \cos z \quad y \quad \cos 2z = \cos^2 z - \operatorname{sen}^2 z$$

Solución. Las *fórmulas de Euler* son

$$\operatorname{sen} z = \frac{e^{iz} - e^{-iz}}{2i} \quad y \quad \cos z = \frac{e^{iz} + e^{-iz}}{2}$$

Para la primera relación proponemos lo siguiente:

$$\begin{aligned}
\operatorname{sen} 2z &= \frac{e^{2iz} - e^{-2iz}}{2i} = \frac{(e^{iz})^2 - (e^{-iz})^2}{2i} \\
&= 2\frac{e^{iz} - e^{-iz}}{2i}\frac{e^{iz} + e^{-iz}}{2} = 2\operatorname{sen} z \cos z
\end{aligned}$$

Para la segunda relación proponemos lo siguiente:

$$\begin{aligned}
\cos 2z &= \frac{e^{2iz} + e^{-2iz}}{2} = \frac{e^{2iz} + e^{-2iz} + 2e^{iz}e^{-iz} - 2}{2} \\
&= 2\left(\frac{e^{iz} + e^{-iz}}{2}\right)^2 - 1 \\
&= 2\cos^2 z - 1 = 2\cos^2 z - \operatorname{sen}^2 z - \cos^2 z \\
&= \cos^2 z - \operatorname{sen}^2 z
\end{aligned}$$

Ejercicio 11 *Sean las matrices $A \in \mathcal{M}_2(\mathbb{C})$ y $B \in \mathcal{M}_3(\mathbb{C})$, donde*

$$A = \begin{pmatrix} z & z \\ z & \bar{z} \end{pmatrix} \quad y \quad B = \begin{pmatrix} z & \bar{z} & z \\ \bar{z} & z & z \\ z & z & \bar{z} \end{pmatrix}$$

$z = x + yi$ y $xy \neq 0$. Determina el valor de $|A|$ y $|B|$.

Solución. Para la matriz A tenemos que

$$\begin{aligned}
|A| &= \begin{vmatrix} z & z \\ z & \bar{z} \end{vmatrix} = z\bar{z} - z^2 = z(\bar{z} - z) \\
&= (x + yi)(-2yi) = 2y^2 - 2xyi
\end{aligned}$$

Para la matriz B tenemos que

$$
|B| = \begin{vmatrix} z & \bar{z} & z \\ \bar{z} & z & z \\ z & z & \bar{z} \end{vmatrix} = z^2\bar{z} + z^2\bar{z} + z^2\bar{z} - z^3 - z^3 - \bar{z}^3
$$

$$
= 2z^2(\bar{z} - z) + \bar{z}(z^2 - \bar{z}^2) = 2z^2(\bar{z} - z) + \bar{z}(z - \bar{z})(z + \bar{z})
$$

$$
= 2(x + yi)^2(-2yi) + (x - yi)(2yi)(2x) = 12xy^2 + 4y^3 i
$$

Ejercicio 12 *Sean las matrices $A, B \in \mathcal{M}_3(\mathbb{C})$, donde*

$$
A = \begin{pmatrix} z & \bar{z} & \bar{z} \\ z & z & \bar{z} \\ z & z & z \end{pmatrix} \quad y \quad B = \begin{pmatrix} z & 0 & \bar{z} \\ 0 & z & \bar{z} \\ z & \bar{z} & 0 \end{pmatrix}
$$

$z = x + yi$ y $xy \neq 0$. Determina el valor de $|A|$ y $|B|$.

Solución. Para la matriz A tenemos que

$$
|A| = \begin{vmatrix} z & \bar{z} & \bar{z} \\ z & z & \bar{z} \\ z & z & z \end{vmatrix} = z^3 + z^2\bar{z} + \bar{z}^2 z - z^2\bar{z} - z^2\bar{z} - z^2\bar{z}
$$

$$
= z^2(z - \bar{z}) + z\bar{z}(\bar{z} - z) = z(z - \bar{z})(z - \bar{z}) = (x + yi)(2yi)^2 =
$$

$$
= -4xy^2 - 4y^3 i
$$

Para la matriz B tenemos que

$$
|B| = \begin{vmatrix} z & 0 & \bar{z} \\ 0 & z & \bar{z} \\ z & \bar{z} & 0 \end{vmatrix} = -z^2\bar{z} - z\bar{z}^2 = -z\bar{z}(z + \bar{z})
$$

$$
= -2x(x^2 + y^2)
$$

Ejercicio 13 *Resuelve el sistema de ecuaciones siguiente:*

$$\left. \begin{array}{r} iz_1 + z_2 = i \\ -z_1 + (1+i)z_2 = 2 \end{array} \right\}$$

Solución. tenemos un sistema de dos ecuaciones con dos incógnitas, para resolverlo proponemos la regla de Cramer y así tenemos que

$$z_1 = \frac{\begin{vmatrix} i & 1 \\ 2 & 1+i \end{vmatrix}}{\begin{vmatrix} i & 1 \\ -1 & 1+i \end{vmatrix}} = \frac{(1+i)i - 2}{(1+i)i + 1} = \frac{-3+i}{i} = 1 + 3i$$

$$z_2 = \frac{\begin{vmatrix} i & i \\ -1 & 2 \end{vmatrix}}{\begin{vmatrix} i & 1 \\ -1 & 1+i \end{vmatrix}} = \frac{2i + i}{(1+i)i + 1} = \frac{3i}{i} = 3$$

Ejercicio 14 *Resuelve el sistema de ecuaciones siguiente:*

$$\left. \begin{array}{r} z_1 + iz_2 + iz_3 = 1 \\ z_1 + z_2 + iz_3 = i \\ z_1 + z_2 + z_3 = 1 \end{array} \right\}$$

Solución. tenemos un sistema de tres ecuaciones con tres incógnitas, para resolverlo proponemos la regla de Cramer y así tenemos que

$$z_1 = \frac{\begin{vmatrix} 1 & i & i \\ i & 1 & i \\ 1 & 1 & 1 \end{vmatrix}}{\begin{vmatrix} 1 & i & i \\ 1 & 1 & i \\ 1 & 1 & 1 \end{vmatrix}} = \frac{1-1-1-i-i+1}{1+i-1-i-i-i} = \frac{-2i}{-2i} = 1$$

$$z_2 = \frac{\begin{vmatrix} 1 & 1 & i \\ 1 & i & i \\ 1 & 1 & 1 \end{vmatrix}}{\begin{vmatrix} 1 & i & i \\ 1 & 1 & i \\ 1 & 1 & 1 \end{vmatrix}} = \frac{i+i+i+1-i-1}{1+i-1-i-i-i} = \frac{2i}{-2i} = -1$$

$$z_3 = \frac{\begin{vmatrix} 1 & i & 1 \\ 1 & 1 & i \\ 1 & 1 & 1 \end{vmatrix}}{\begin{vmatrix} 1 & i & i \\ 1 & 1 & i \\ 1 & 1 & 1 \end{vmatrix}} = \frac{1+1-1-1-i-i}{1+i-1-i-i-i} = \frac{-2i}{-2i} = 1$$

Ahora, proponemos de forma alternativa para la resolución del sistema la triangularización del mismo realizando transformaciones elementales

$$\begin{pmatrix} 1 & i & i & 1 \\ 1 & 1 & i & i \\ 1 & 1 & 1 & 1 \end{pmatrix} \sim \begin{pmatrix} 1 & i & i & 1 \\ 0 & 1-i & 0 & -1+i \\ 0 & 1-i & 1-i & 0 \end{pmatrix} \sim$$

$$\begin{pmatrix} 1 & i & i & 1 \\ 0 & 1-i & 0 & -1+i \\ 0 & 0 & 1-i & 1-i \end{pmatrix}$$

A partir de lo anterior tenemos que

$$(1-i)z_3 = 1-i; \quad z_3 = 1; \quad (1-i)z_2 = -1+i;$$

$$z_2 = -1; \quad z_1 - i + i = 1; \quad z_1 = 1$$

Ejercicio 15 *Resuelve la ecuación* $\operatorname{sen} z = i$.

Solución. Se aplican las *fórmulas de Euler* y se obtiene lo siguiente:

$$\frac{e^{iz} - e^{-iz}}{2i} = i; \quad e^{iz} - e^{-iz} = -2; \quad e^{i2z} - 1 = -2e^{iz}$$

Ahora, proponemos el cambio $e^{iz} = w$ y queda la ecuación

$$w^2 + 2w - 1 = 0$$

las soluciones de la misma son:

$$w = \frac{-2 \pm \sqrt{4+4}}{2} = \frac{-2 \pm 2\sqrt{2}}{2} = -1 \pm \sqrt{2}$$

Para $w = -1 + \sqrt{2}$ tenemos que

$$e^{iz} = -1 + \sqrt{2}; \quad iz = \ln(-1+\sqrt{2}) = \ln(-1+\sqrt{2})e^{i(0+2k\pi)} =$$

$$\ln(-1+\sqrt{2}) + 2k\pi i$$

por tanto,

$$z = 2k\pi - i\ln(-1+\sqrt{2}) \quad k \in \mathbb{Z}$$

Para $w = -1 - \sqrt{2}$ tenemos que

$$e^{iz} = -1 - \sqrt{2}; \quad iz = \ln(1 + \sqrt{2})e^{i(\pi + 2k\pi)} =$$

$$\ln(1 + \sqrt{2}) + (\pi + 2k\pi)i \quad k \in \mathbb{Z}$$

por tanto,

$$z = (\pi + 2k\pi) - i\ln(1 + \sqrt{2}) \quad k \in \mathbb{Z}$$

Ejercicio 16 *Resuelve la ecuación* $i\operatorname{sen} z + \cos z = 1$.

Solución. Se aplican las *fórmulas de Euler* y se obtiene lo siguiente:

$$i\frac{e^{iz} - e^{-iz}}{2i} + \frac{e^{iz} + e^{-iz}}{2} = 1;$$

$$e^{iz} - e^{-iz} + e^{iz} + e^{-iz} = 2; \quad e^{iz} = 1$$

$$iz = \ln e^{i2k\pi}; \quad iz = i2k\pi; \quad z = 2k\pi, \quad k \in \mathbb{Z}$$

4

Ecuaciones algebraicas

4.1. Ecuaciones algebraicas

Sea la expresión

$$P(z) = a_n z^n + a_{n-1} z^{n-1} + \cdots + a_1 z + a_0,$$

donde n es un número natural, $z \in \mathbb{C}$ y $a_i \in \mathbb{C}$ para $i = 0, 1, \ldots n$ y $a_n \neq 0$. A la expresión $P(z)$ se la conoce como polinomio de grado n.

Definición 4.1 *Sea $P(z)$ un polinomio de grado n y $z^* \in \mathbb{C}$. Se dice que z^* es una raíz o solución del polinomio $P(z)$ si $P(z^*) = 0$.*

De forma equivalente, podemos decir que z^* es una raíz del polinomio $P(z)$ si existe un polinomio $Q(z)$ de grado $n - 1$ de forma que $P(z) = (z - z^*)Q(z)$

Teorema 4.1 (Teorema fundamental del álgebra) *Sea*

$$P(z) = a_n z^n + \cdots + a_1 z + a_0$$

un polinomio de grado n. Entonces existen $z_1, z_2, \ldots, z_n \in \mathbb{C}$ (pueden repetirse algunos) de forma que

$$P(z) = a_n(z - z_1)(z - z_2) \cdots (z - z_n)$$

Sea

$$P(z) = a_n z^n + a_{n-1} z^{n-1} + \cdots + a_1 z + a_0$$

un polinomio de grado n. Entonces, en virtud del teorema fundamental del álgebra, existen $z_1, \ldots, z_n \in \mathbb{C}$ de forma que se verifica la relación siguiente:

$$a_n z^n + a_{n-1} z^{n-1} + \cdots + a_1 z + a_0 = a_n(z - z_1)(z - z_2) \cdots (z - z_n)$$

y, a partir de la misma, igualando coeficientes del mismo grado obtenemos el sistema

$$
\begin{aligned}
z_1 + z_2 + \cdots + z_n &= -\frac{a_{n-1}}{a_n} \\
z_1 z_2 + z_1 z_3 + \cdots + z_{n-1} z_n &= \frac{a_{n-2}}{a_n} \\
&\vdots \\
z_1 z_2 \cdots z_n &= (-1)^n \frac{a_0}{a_n}
\end{aligned}
$$

El sistema anterior es conocido como fórmulas de *Cardano-Vieta*.

Ejemplo 4.1 *Fórmulas de Cardano-Vieta de un polinomio (1)*

Sea el polinomio

$$P(z) = z^3 - z^2 + 2z - 1$$

En virtud del teorema fundamental del álgebra tenemos que existen $z_1, z_2, z_3 \in \mathbb{C}$ de forma que

$$z^3 - z^2 + 2z - 1 = (z - z_1)(z - z_2)(z - z_3)$$

Ahora, igualamos coeficientes del mismo grado y se obtienen las fórmulas de Cardano-Vieta para el polinomio dado y son las siguientes:

$$
\begin{aligned}
z_1 + z_2 + z_3 &= -1 \\
z_1 z_2 + z_1 z_3 + z_2 z_3 &= -2 \\
z_1 z_2 z_3 &= 1 \qquad \square
\end{aligned}
$$

Ejemplo 4.2 *Fórmulas de Cardano-Vieta de un polinomio (2)*

Sea el polinomio

$$P(z) = z^4 - 5z^2 + 4$$

En virtud del teorema fundamental del álgebra tenemos que existen $z_1, z_2, z_3, z_4 \in \mathbb{C}$ de forma que

$$z^4 - 5z^2 + 4 = (z - z_1)(z - z_2)(z - z_3)(z - z_4)$$

Ahora, igualamos coeficientes del mismo grado y obtenemos las fórmulas de Cardano-Vieta para el polinomio dado y son las siguientes:

$$
\begin{aligned}
z_1 + z_2 + z_3 + z_4 &= 0 \\
z_1 z_2 + z_1 z_3 + z_1 z_4 + z_2 z_3 + z_2 z_4 + z_3 z_4 &= -5 \\
z_1 z_2 z_3 + z_1 z_2 z_4 + z_1 z_3 z_4 + z_2 z_3 z_4 &= 0 \\
z_1 z_2 z_3 z_4 &= 4 \qquad \square
\end{aligned}
$$

4.2. Acotación de raíces

Teorema 4.2 (Acotación de raíces) *Sea el polinomio*

$$P(z) = a_n z^n + a_{n-1} z^{n-1} + \cdots + a_1 z + a_0$$

y z^* una raíz del mismo. Si

$$A = \text{máx}\left\{|a_0|, |a_1|, \ldots, |a_{n-1}|\right\}$$

$$B = \text{máx}\left\{|a_1|, |a_2|, \ldots, |a_n|\right\}$$

Entonces se verifica

$$\frac{1}{1 + \frac{B}{|a_0|}} < |z^*| < 1 + \frac{A}{|a_n|}$$

A partir del teorema anterior, podemos representar gráficamente el lugar geométrico del plano donde se encuentran las raíces de un polinomio $P(z)$, en concreto se trata de un anillo formado por dos círculos uno de radio α y otro de radio β, donde

$$\alpha = \frac{1}{1 + \frac{B}{|a_0|}} \quad \text{y} \quad \beta = 1 + \frac{A}{|a_n|}$$

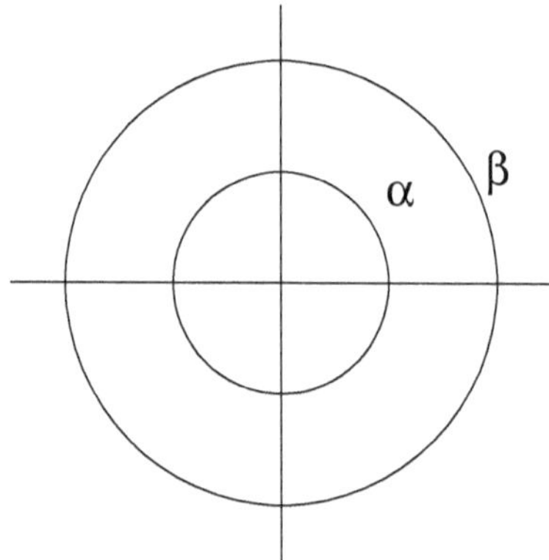

Figura 4.1. Acotación de raíces.

Ejemplo 4.3 *Acotación de las raíces de un polinomio (1).*

Sea el polinomio

$$P(z) = z^3 - 6z^2 + 11z - 6$$

Ahora se realiza lo siguiente:

$$A = \text{máx}\left\{|a_2|, |a_1|, |a_0|\right\} = \text{máx}\left\{6, 11, 6\right\} = 11$$

$$B = \text{máx}\left\{|a_3|, |a_2|, |a_1|\right\} = \text{máx}\left\{1, 6, 11\right\} = 11$$

A partir del teorema de acotación de raíces tenemos que si z^* es una raíz del polinomio $P(z)$ entonces es

$$\frac{1}{1 + \frac{B}{|a_0|}} < |z^*| < 1 + \frac{A}{|a_3|}, \quad \frac{11}{17} < |z^*| < 12$$

tenemos que $z_1 = 1$, $z_2 = 2$ y $z_3 = 3$ son las raíces del polinomio $P(z)$ y se observa que, efectivamente, verifican la relación anterior. $\quad\square$

Ejemplo 4.4 *Acotación de las raíces de un polinomio (2).*

Sea el polinomio

$$P(z) = z^n + z^{n-1} + \cdots + z + 1$$

Ahora se realiza lo siguiente:

$$A = \text{máx}\left\{|a_{n-1}|, |a_{n-2}|, \ldots, |a_0|\right\} = \text{máx}\left\{1, 1, \ldots, 1\right\} = 1$$

$$B = \text{máx}\left\{|a_n|, |a_{n-1}|, \ldots, |a_1|\right\} = \text{máx}\left\{1, 1, \ldots, 1\right\} = 1$$

A partir del teorema de acotación de raíces tenemos que si z^* es una raíz del polinomio $P(z)$ entonces es

$$\frac{1}{1 + \frac{B}{|a_0|}} < |z^*| < 1 + \frac{A}{|a_n|}, \quad \frac{1}{2} < |z^*| < 2 \quad\square$$

4.3. Resolución de ecuaciones

Para finalizar el capítulo exponemos la forma de resolver con detalle las ecuaciones algebraicas de grados uno, dos, tres y cuatro.

Ecuación de primer grado

Sea el polinomio $P(z) = a_1 z + a_0$ y sea la ecuación $P(z) = 0$. La solución de la ecuación es

$$P(z) = 0; \quad a_1 z + a_0 = 0; \quad a_1 z = -a_0; \quad z = -\frac{a_0}{a_1};$$

$$z = -\frac{a_0 \bar{a}_1}{|a_1|^2}$$

Ecuación de segundo grado

Sea el polinomio $P(z) = a_2 z^2 + a_1 z + a_0$ y sea la ecuación $P(z) = 0$. La solución de la ecuación es

$$P(z) = 0; \quad a_2 z^2 + a_1 z + a_0 = 0; \quad \left(\sqrt{a_2}\,z + \frac{a_1}{2\sqrt{a_2}}\right)^2 - \frac{a_1^2}{4a_2} + a_0$$

$$\left(\sqrt{a_2}\,z + \frac{a_1}{2\sqrt{a_2}}\right)^2 = \frac{a_1^2}{4a_2} - a_0; \quad \sqrt{a_2}\,z + \frac{a_1}{2\sqrt{a_2}} = \sqrt{\frac{a_1^2}{4a_2} - a_0};$$

$$z = \frac{-a_1 + \sqrt{a_1^2 - 4a_2 a_0}}{2a_2}$$

Ecuación de tercer grado

Sea el polinomio

$$P(z) = a_3 z^3 + a_2 z^2 + a_1 z + a_0$$

y sea la ecuación $P(z) = 0$. Se divide la ecuación por a_3 y queda

$$z^3 + a_2 z^2 + a_1 z + a_0 = 0$$

Con el objeto de simplificar, empleamos la misma notación para los coeficientes. Ahora se realiza el cambio $z = w - \frac{a_2}{3}$ y la ecuación que resulta es la siguiente:

$$w^3 + \left(a_1 - \frac{a_2^2}{3}\right)w + \frac{2a_2^3}{27} - \frac{a_1 a_2}{3} + a_0 = 0$$

Con el objeto de obtener una mayor claridad en lo que sigue, se introduce la notación siguiente:

$$p = \frac{a_2^2}{3} - a_1 \quad \text{y} \quad q = -\frac{2a_2^3}{27} + \frac{a_1 a_2}{3} - a_0$$

y así la ecuación queda $w^3 = pw + q$.

Ahora se realiza el cambio $w = u + v$ y queda

$$(u+v)^3 = p(u+v) + q; \quad u^3 + v^3 + 3uv(u+v) = p(u+v) + q$$

$$u^3 + v^3 = q$$
$$u^3 v^3 = \frac{p^3}{27}$$

Se puede interpretar u^3 y v^3 como las soluciones de la ecuación

$$\lambda^2 - q\lambda + \frac{p^3}{27} = 0$$

así pues, se resuelve y se obtiene

$$\lambda = \frac{q + \sqrt{q^2 - \frac{4p^3}{27}}}{2}$$

y, a partir de lo anterior, se obtienen las soluciones de la ecuación $w^3 = pw + q$.

Finalmente, tenemos en cuenta el cambio $z = w - \frac{a_2}{3}$ que se realizó al principio y así se obtienen las soluciones de $P(z) = 0$.

Ecuación de cuarto grado

Sea el polinomio

$$P(z) = a_4 z^4 + a_3 z^3 + a_2 z^2 + a_1 z + a_0$$

y sea la ecuación $P(z) = 0$. Se divide la ecuación por a_4 y queda

$$z^4 + a_3 z^3 + a_2 z^2 + a_1 z + a_0 = 0$$

Con el objeto de simplificar, utilizamos la misma notación para los coeficientes). Ahora realizamos el cambio $z = w - \frac{a_3}{4}$ y la ecuación que resulta es

$$w^4 + pw^2 + qw + r = 0$$

donde

$$
\begin{aligned}
p &= \frac{3}{8}a_3^2 - \frac{3}{4}a_3 + 1 \\
q &= -\frac{1}{16}a_3^3 + \frac{3}{16}a_3^2 - \frac{2}{3}a_3 + 1 \\
r &= \frac{1}{4^4}a_3^4 - \frac{1}{4^3}a_3^3 + \frac{1}{16}a_3^2 - \frac{1}{4}a_3
\end{aligned}
$$

Ahora, planteamos la factorización siguiente:

$$w^4 + pw^2 + qw + r = (w^2 + \alpha w + \beta)(w^2 - \alpha w + \gamma)$$

A continuación, igualamos coeficientes del mismo grado y quedan las siguientes relaciones

$$
\begin{aligned}
\beta + \gamma - \alpha^2 &= p \\
\alpha(\gamma - \beta) &= q \\
\beta\gamma &= r
\end{aligned}
$$

Ahora, elevamos al cuadrado las dos primeras relaciones y tenemos que

$$\begin{aligned}
\beta^2 + \gamma^2 + \alpha^4 + 2\beta\gamma - 2\beta\alpha^2 - 2\gamma\alpha^2 &= p^2 \\
\alpha^2(\gamma^2 + \beta^2 - 2\beta\gamma) &= q^2 \\
\beta\gamma &= r
\end{aligned}$$

Multiplicamos la primera relación por α^2, tenemos en cuenta que $\beta + \gamma = \alpha^2 + p$ y sustituimos la segunda relación y la tercera en la primera y resulta la ecuación:

$$\alpha^6 + 2p\alpha^4 + (p^2 - 4r)\alpha^2 - q^2 = 0$$

Finalmente, hacemos el cambio $v = \alpha^2$ y nos queda la ecuación

$$v^3 + 2pv^2 + (p^2 - 4r)v - q^2 = 0$$

que resolvemos como hemos indicado para las ecuaciones de tercer grado.

4.4. Ejercicios

Ejercicio 1 *Resuelve las ecuaciones:*

$$iz + 1 + i = 2; \quad (1+i)z - i = i$$

Solución. Para la primera ecuación tenemos que

$$iz + 1 + i = 2; \quad iz = 1 - i; \quad z = \frac{1-i}{i};$$

$$z = \frac{(1-i)i}{i^2}; \quad z = -1 - i$$

Para la segunda ecuación tenemos que

$$(1+i)z - i = i; \quad (1+i)z = 2i; \quad z = \frac{2i}{1+i};$$

$$z = \frac{2i(1-i)}{(1+i)(1-i)}; \quad z = \frac{2+2i}{2}; \quad z = 1+i$$

Ejercicio 2 *Resuelve las ecuaciones:*

$$z^2 + iz - 1 = 0; \quad z^4 + z^2 + 1 = 0$$

Solución. Para la primera ecuación realizamos lo siguiente:

$$z = \frac{-i \pm \sqrt{i^2 - 4(-1)}}{2} = \frac{-i \pm \sqrt{-1+4}}{2} = \frac{-i \pm \sqrt{3}}{2}$$

las soluciones son, pues $z_1 = \frac{\sqrt{3}}{2} - \frac{1}{2}i$ y $z_1 = -\frac{\sqrt{3}}{2} - \frac{1}{2}i$.

Para la segunda ecuación del enunciado realizamos el cambio de variable $z^2 = w$ y tenemos la ecuación $w^2 + w + 1 = 0$. Las soluciones de la misma se determinan de la forma siguiente:

$$w = \frac{-1 \pm \sqrt{1-4}}{2} = \frac{-1 \pm \sqrt{-3}}{2}$$

las soluciones son: $w_1 = -\frac{1}{2} + \frac{\sqrt{3}}{2}i$ y $w_2 = -\frac{1}{2} - \frac{\sqrt{3}}{2}i$.

Ahora tenemos en cuenta el cambio se variable realizado al inicio del problema y tenemos a partir de w_1 que

$$z^2 = -\frac{1}{2} + \frac{\sqrt{3}}{2}i, \quad z^2 = \cos\left(\frac{2\pi}{3} + 2k\pi\right) + i\,\text{sen}\left(\frac{2\pi}{3} + 2k\pi\right)$$

por tanto, se obtienen las soluciones

$$z_1 = \cos\frac{\pi}{3} + i\,\text{sen}\frac{\pi}{3} \quad \text{y} \quad z_2 = \cos\frac{4\pi}{3} + i\,\text{sen}\frac{4\pi}{3}$$

A partir de w_2 que

$$z^2 = -\frac{1}{2} - \frac{\sqrt{3}}{2}i,$$

$$z^2 = \cos\left(-\frac{2\pi}{3} + 2k\pi\right) + i\operatorname{sen}\left(-\frac{2\pi}{3} + 2k\pi\right)$$

y así obtenemos las soluciones

$$z_3 = \cos\frac{\pi}{3} - i\operatorname{sen}\frac{\pi}{3} \quad \text{y} \quad z_4 = \cos\frac{2\pi}{3} - i\operatorname{sen}\frac{2\pi}{3}$$

Ejercicio 3 *Resuelve la ecuación*

$$z^3 = 3z - 2$$

Solución. La primera forma que proponemos para resolver la ecuación consiste en seguir el siguiente procedimiento

$$
\begin{aligned}
z^3 - 3z + 2 &= z^3 - 4z + z + 2 = z(z^2 - 4) + z + 2 \\
&= z(z-2)(z+2) + z + 2 = (z+2)(z(z-2)+1) \\
&= (z+2)(z(z-1) - (z-1)) \\
&= (z+2)(z-1)^2
\end{aligned}
$$

y así la ecuación del enunciado queda como

$$(z+2)(z-1)^2 = 0$$

A partir del primer factor, obtenemos la solución $z_1 = -2$ y a partir del segundo factor obtenemos la solución doble $z_2 = 1$.

Para la segunda forma de resolver el enunciado proponemos el cambio: $z = u + v$ y tenemos que

$$(u+v)^3 = 3(u+v) - 2;$$

$$u^3 + v^3 + 3uv(u+v) = 3(u+v) - 2$$

a partir de lo anterior llegamos al sistema

$$\left. \begin{array}{r} u^3 + v^3 = -2 \\ 3uv = 3 \end{array} \right\} ; \qquad \left. \begin{array}{r} u^3 + v^3 = -2 \\ u^3 v^3 = 1 \end{array} \right\}$$

podemos interpretar u^3 y v^3 como las soluciones de la ecuación de segundo grado: $w^2 + 2w + 1 = 0$ que podemos expresar como $(w+1)^2 = 0$ la solución es $w = -1$ que es una raíz doble. A partir de las ecuaciones $u^3 = -1$ y $v^3 = -1$ obtenemos los valores de u y v que son los siguientes:

$$u_1 = -1, \quad u_2 = -e^{\frac{2\pi}{3}i}, \quad u_3 = -e^{\frac{4\pi}{3}i},$$

$$v_1 = -1, \quad v_2 = -e^{\frac{2\pi}{3}i} \quad \text{y} \quad v_3 = -e^{\frac{4\pi}{3}i}$$

Finalmente, las soluciones de la ecuación del enunciado son:

$$z_1 = u_1 + v_1 = -2 \quad \text{y} \quad z_2 = u_2 + v_3 = 1 \quad \text{(solución doble)}$$

Ejercicio 4 *Resuelve la ecuación*

$$z^3 = 6z + 9$$

Solución. La primera forma que proponemos para resolver la ecuación consiste en seguir el siguiente procedimiento:

$$\begin{aligned} z^3 - 6z - 9 &= z^3 - 9z + 3z - 9 = z(z^2 - 9) + 3(z - 3) \\ &= z(z-3)(z+3) + 3(z-3) = (z-3)(z^2 + 3z + 3) \end{aligned}$$

y así la ecuación del enunciado queda como

$$(z-3)(z^2 + 3z + 3) = 0$$

A partir del primer factor, resulta la solución $z_1 = 3$ y a partir del segundo factor obtenemos la ecuación de segundo grado $z^2 + 3z + 3 = 0$ cuyas soluciones calculamos a continuación

$$z = \frac{-3 \pm \sqrt{3^2 - 12}}{2} = \frac{-3 \pm \sqrt{-3}}{2} = -\frac{3}{2} \pm \frac{\sqrt{3}}{2}i$$

las soluciones son, pues: $z_2 = -\frac{3}{2} + \frac{\sqrt{3}}{2}i$ y $z_3 = -\frac{3}{2} - \frac{\sqrt{3}}{2}i$.

Para la segunda forma de resolver el enunciado, se hace el cambio: $z = u + v$ y tenemos que

$$(u+v)^3 = 6(u+v) + 9;$$

$$u^3 + v^3 + uv(u+v) = 6(u+v) + 9$$

a partir de lo anterior llegamos al sistema

$$\left.\begin{array}{r} u^3 + v^3 = 9 \\ 3uv = 6 \end{array}\right\} ; \qquad \left.\begin{array}{r} u^3 + v^3 = 9 \\ u^3 v^3 = 8 \end{array}\right\}$$

podemos interpretar u^3 y v^3 como las soluciones de la ecuación de segundo grado: $w^2 - 9w + 8 = 0$ cuyas soluciones obtenemos a continuación

$$w = \frac{9 \pm \sqrt{9^2 - 4 \cdot 8}}{2} = \frac{9 \pm \sqrt{49}}{2} = \frac{9 \pm 7}{2}$$

las soluciones son pues $w_1 = 8$ y $w_2 = 1$. A partir de las ecuaciones $u^3 = 8$ y $v^3 = 1$ obtenemos los valores de u y v que son los siguientes:

$$u_1 = 2, \quad u_2 = 2e^{\frac{2\pi}{3}i}, \quad u_3 = 2e^{\frac{4\pi}{3}i}, \quad v_1 = 1,$$

$$v_2 = e^{\frac{2\pi}{3}i} \quad \text{y} \quad v_3 = e^{\frac{4\pi}{3}i}$$

Finalmente, las soluciones de la ecuación del enunciado son:

$$
\begin{aligned}
z_1 &= u_1 + v_1 = 3 \\
z_2 &= u_3 + v_2 = 2e^{\frac{4\pi}{3}i} + 2e^{\frac{2\pi}{3}i} = -\frac{3}{2} + \frac{\sqrt{3}}{2}i \\
z_3 &= u_2 + v_3 = 2e^{\frac{2\pi}{3}i} + 2e^{\frac{4\pi}{3}i} = -\frac{3}{2} - \frac{\sqrt{3}}{2}i
\end{aligned}
$$

Ejercicio 5 *Sea n un número natural de forma que $n > 2$. Resuelve la ecuación*

$$z^{n-1} + z^{n-2} + \cdots + z + 1 = 0$$

Solución. Se multiplica el primer miembro por la expresión $z - 1$ y tenemos la ecuación

$$(z-1)(z^{n-1} + z^{n-2} + \cdots + z + 1) = 0$$

Ahora, tenemos en cuenta la *fórmula ciclotómica* y tenemos la ecuación

$$z^n - 1 = 0$$

Ahora, se utiliza la forma polar y tenemos lo siguiente:

$$\rho^n(\cos n\theta + i\operatorname{sen} n\theta) = \cos 2k\pi + i\operatorname{sen} 2k\pi$$

y se puede concluir que $\rho = 1$ y $\theta = \frac{2k\pi}{n}$ para $k = 0, \ldots, n-1$. Ahora se suprime el caso $k = 0$ que se corresponde con la solución $z = 1$ y tenemos que las soluciones de la ecuación del enunciado son

$$z_k = \cos\frac{2k\pi}{n} + i\operatorname{sen}\frac{2k\pi}{n}, \quad k = 1, \ldots, n-1$$

Ejercicio 6 *Sea la ecuación $z^n - 1 = 0$, donde n un número natural de forma que $n > 1$ y sean $z_1, \ldots, z_n$ las solciones de la ecuación. Determina el valor de las siguientes expresiones*

$$z_1 + z_2 + \cdots + z_n \quad y \quad z_1 z_2 \cdots z_n$$

Solución. Las soluciones de la ecuación $z^n - 1 = 0$, como se ha visto en el problema 5, son

$$z_k = \cos \frac{2(k-1)\pi}{n} + i \operatorname{sen} \frac{2(k-1)\pi}{n}, \quad k = 1, \ldots, n$$

Ahora, se utilizan las *fórmulas de Euler* y tenemos que las soluciones se pueden expresar como

$$z_k = e^{\frac{2(k-1)\pi}{n}}, \quad k = 1, \ldots, n$$

Para determinar el valor de la primera expresión del enunciado se propone lo siguiente:

$$S = z_1 + z_2 + \cdots + z_n; \quad S = e^0 + e^{\frac{2\pi}{n}} + \cdots + e^{\frac{2(n-1)\pi}{n}}$$

Ahora se multiplica S por $e^{\frac{2\pi}{n}}$ y tenemos que

$$e^{\frac{2\pi}{n}} S = e^{\frac{2\pi}{n}} + e^{\frac{4\pi}{n}} + \cdots + e^{\frac{2n\pi}{n}}$$

A continuación, restamos las dos últimas expresiones y tenemos que

$$(1 - e^{\frac{2\pi}{n}}) S = 1 - e^{2\pi}$$

de esta forma podemos concluir que $S = 0$, ya que $e^{2\pi} = 1$.

Para determinar el valor de la segunda expresión del enunciado proponemos lo siguiente:

$$P = z_1 z_2 \cdots z_n; \quad P = e^0 e^{\frac{2\pi}{n}} \cdots e^{\frac{2(n-1)\pi}{n}}; \quad P = e^{0 + \frac{2\pi}{n} + \cdots + \frac{2(n-1)\pi}{n}}$$

Por otra parte, tenemos que

$$1 + \cdots + n - 1 = \frac{(n-1)n}{2}$$

Por tanto,

$$P = e^{(1+2\cdots+n-1)\frac{2\pi}{n}}; \quad P = e^{\frac{2(n-1)n\pi}{2n}};$$

$$P = e^{(n-1)\pi}; \quad P = \cos(n-1)\pi + i\,\text{sen}(n-1)\pi$$

de esta forma se puede concluir que $P = (-1)^{n-1}$